本书受江苏高校哲学社会科学2023年度一般项目"资历框架视域下小学教育专业职前职后一体化育人模式研究"（课题号：2023SJYB0555）、南京晓庄学院2022年度校级科研项目"高质量发展视域下地方师范院校人才培养的适应性研究——以小学教育为例"（课题号：2022NXY42）资助

技能中国背景下
陶行知教育思想的当代价值

许玲 谢青松 著

东南大学出版社
SOUTHEAST UNIVERSITY PRESS
·南京·

图书在版编目（CIP）数据

技能中国背景下陶行知教育思想的当代价值 / 许玲, 谢青松著 .-- 南京 : 东南大学出版社 ,2025.2
ISBN 978-7-5766-0956-1

I.①技 ... Ⅱ.①许 ... ②谢 ... Ⅲ.①陶行知(1891-1946)- 教育思想 - 研究 IV.① G40-092.6

中国国家版本馆 CIP 数据核字 (2023) 第 216768 号

策划编辑：唐　允	责任编辑：李　贤	责任校对：李成思
封面设计：王　玥	责任印制：周荣虎	

技能中国背景下陶行知教育思想的当代价值
Jineng Zhongguo Beijing xia Taoxingzhi Jiaoyu Sixiang de Dangdai Jiazhi

著　　者	许　玲　谢青松
出版发行	东南大学出版社
出 版 人	白云飞
社　　址	南京四牌楼 2 号　邮编：210096
网　　址	http://www.seupress.com
经　　销	全国各地新华书店
排　　版	南京私书坊文化传播有限公司
印　　刷	广东虎彩云印刷有限公司
开　　本	700 mm × 1000mm　1/16
印　　张	10.75
字　　数	208 千字
版　　次	2025 年 2 月第 1 版
印　　次	2025 年 2 月第 1 次印刷
书　　号	ISBN 978-7-5766-0956-1
定　　价	78.00 元

本社图书若有印装质量问题，请直接与营销部调换。电话（传真）：025-83791830

前　言

当前以人工智能技术为核心的信息技术飞速发展，推动社会步入智能时代。数据和算法渗透到生活的不同方面，人机协作促进了社会职业的变化、一些岗位的消失和新生，导致社会岗位需求与教育供给产生较大偏离，撬动了教育生态体系发生巨大变革，催生了新的教育组织模式、管理模式及教学模式等。无论是发达国家还是发展中国家，都将应对智能技术给未来社会带来的不确定性、培养更好地适应未来社会的人才作为教育改革的着力点。

2022年4月20日，新修订的《中华人民共和国职业教育法》颁布，创新性地提出技能型社会。技能型社会是国家重视技能、社会崇尚技能、人人学习技能、人人拥有技能的社会。技能型社会是我国社会发展的新形态，更加契合实现社会主义现代化强国的发展目标，其核心任务是解决智能时代职业技能失配问题，创造人人接受技能教育或培训的机会，提升劳动者就业能力和水平，并且得到社会普遍认可，加快实现我国第二个百年奋斗目标。

陶行知先生是我国近代教育史上伟大的教育家，他被誉为"伟大的人民教育家"。他博览古今中外教育思想，又扎根中国实践，在批判继承我国教育的优秀传统、吸收融化西方现代教育的先进理念基础上，提出了符合中国国情的生活教育理论。生活教育理论由三大教育原理组成，即"生活即教育""社会即学校""教学做合一"。基于生活教育理论，他还提出了关于普及教育、生利教育、女子教育、科学教育、终身教育等重要思想观点。他的名言"爱满天下""千教万教教人求真，千学万学学做真人""行动是老子，知识是儿子，创造是孙子"等至今仍被流传。在数字化转型的背景下，在技能型社会发展目标下，陶行知教育思想具有重要的现代意义和价值。

本书以技能中国为背景，以技能人才的培养、成长、激励、评价等环节为脉络，剖析技能中国背景下陶行知教育思想的当代价值。本书内容共分为八章。

第一章是技能中国的现实逻辑。分析了智能时代职业技能失配的社会背景，总结了技能失配的三种典型类型，分别是技能不足、技能过度和技能过时。技能失配对个人和社会都带来诸多挑战，实施"技能中国行动"迫在眉睫。

第二章是陶行知教育思想对技能人才培养的价值。通过文献研究，探究了陶行知职业教育思想的形成，分析了陶行知职业教育思想的内涵、原则及内容，并以陶行知职业教育思想为指引，提出了技能中国背景下，技能人才培养的规格、目标及培养方式等方面的发展策略与建议。

第三章是陶行知教育思想对技能教育课程的价值。聚焦狭义层面技能教育课程，立足高等职业教育范畴，提出了技能教育课程的价值取向和课程建设目标，分析了当前高等职业教育课程面临的挑战，并结合陶行知先生的"教学做合一""艺友制"等思想观点，提出了高等职业教育课程建设的路径和策略。

第四章是陶行知教育思想对"双师型"教师培养的价值。从政策逻辑、理论基础角度出发，明确了技能中国背景下"双师型"教师的内涵与基本特征，分析了当前职业教育"双师型"教师在培养过程中存在的六方面现实问题，并基于陶行知职业和教师教育思想，提出了职业教育"双师型"教师培养的策略与建议。

第五章是陶行知教育思想对终身职业技能培训的价值。通过学理分析，明晰了技能中国背景下终身技能培训的价值和意义，实践中终身技能培训在组织、制度、机制等方面存在的现实困境，并结合陶行知的职业教育思想和终身教育思想，对终身职业技能培训的发展进路提出了建议。

第六章是陶行知教育思想对技能人才评价的价值。分析了当前对技能人才评价的类型及现状，归纳出技能人才评价存在的问题，通过文献研究厘清了资历及资历框架制度的内涵与特征，明晰了资历框架制度对技能人才评价的作用。从资历框架制度出发，结合陶行知教育思想，提出技能人才评价的优化路径。

第七章是陶行知教育思想对乡村劳动技能提升的价值。梳理了新时代中国乡村劳动技能提升的价值意蕴，分析了新时代中国乡村劳动力技能提升面临的挑战，并以乡村劳动教育现代化为切入点，基于陶行知教育思想，提出了乡村劳动力技能提升的发展路径。

第八章是陶行知教育思想对中国式教师教育现代化的价值。结合南京晓庄学院的办学特色，分析了中国式教师教育现代化的内涵，提出了中国式教师教育现代化进程中对职前教师的新要求和新挑战，并基于陶行知教育思想提出了中国式教师教育的现代化发展路径。

为了更好地完成本书，应用相关理论研究成果，考察和应用具体实践案例，本书采用合作撰写的方式：在具体写作分工方面，全书的写作框架和章节结构由许玲（南京晓庄学院教师教育学院、北京师范大学教育学博士）设计，第二、三、六、七、八章由许玲撰写，第一、四、五章由谢青松（重庆开放大学/重庆工商职业学院，北京师范大学教育学博士）撰写。此外，许玲负责全书的统稿和定稿。

本书的部分内容是根据著者在《中国远程教育》《中国职业技术教育》《职业技术教育》《成人教育》《南京晓庄学院学报》等期刊上发表的文章修改而成的，在此，对这些期刊表示感谢。限于作者水平和时间，书中难免存在不足，恳请专家、读者批评指正，以利改版时进一步修改和完善。

许玲

2023 年 8 月　于南京

目 录

第一章 技能中国的现实逻辑

第一节　智能时代职业技能失配的社会背景　　003
第二节　智能时代职业技能失配的内涵特征　　005
第三节　智能时代职业技能失配所致的挑战　　009
第四节　智能时代技能中国的发展主要任务　　012
本章小结　　016

第二章 陶行知教育思想对技能人才培养的价值

第一节　智能时代教育系统的动态变革　　021
第二节　智能时代技能人才培养的挑战　　024
第三节　陶行知职业教育思想的核心内容　　027
第四节　陶行知教育思想对技能人才培养的启示　　032
本章小结　　035

第三章 陶行知教育思想对技能教育课程的价值

第一节　技能教育课程的价值取向　　039
第二节　技能教育课程的建设目标　　043

	第三节	技能教育课程建设的挑战	045
	第四节	陶行知课程建设的思想	047
	第五节	陶行知教育思想对技能教育课程建设的启示	049
	本章小结		051

第四章 | 陶行知教育思想对"双师型"教师培养的价值

	第一节	"双师型"教师的内涵与基本特征	055
	第二节	"双师型"教师培养的现实问题	064
	第三节	陶行知乡村教育和教师教育思想	070
	第四节	陶行知教育思想对"双师型"教师培养的启示	073
	本章小结		077

第五章 | 陶行知教育思想对终身职业技能培训的价值

	第一节	终身职业技能培训的价值意蕴	083
	第二节	终身职业技能培训的现实问题	091
	第三节	陶行知全民教育终身教育思想	094
	第四节	陶行知教育思想对终身职业技能培训的启示	097
	本章小结		101

第六章 | 陶行知教育思想对技能人才评价的价值

	第一节	技能人才评价的价值意蕴	107

第二节	技能人才评价的发展现状	109
第三节	资历框架制度的内涵要义	116
第四节	陶行知教育思想对技能人才评价的启示	119
本章小结		122

第七章 陶行知教育思想对乡村劳动技能提升的价值

第一节	新时代中国乡村劳动力技能提升的价值	127
第二节	新时代中国乡村劳动力技能提升的挑战	128
第三节	陶行知的生活教育思想和劳动教育思想	129
第四节	陶行知教育思想对乡村劳动力技能提升的启示	130
本章小结		131

第八章 陶行知教育思想对中国式教师教育现代化的价值

第一节	中国式教师教育现代化的内涵	135
第二节	中国式教师教育现代化的新要求	137
第三节	中国式教师教育现代化的挑战	140
第四节	陶行知职业教育思想的内涵要义	144
第五节	陶行知教育思想对中国式教师教育现代化的启示	145
本章小结		148

| 附 录 | 150 |
| 后 记 | 159 |

第一章 技能中国的现实逻辑

【内容提要】

人工智能时代，新兴技术的广泛应用加剧了职业技能的过时、不足、过度等为特征的职业供给和需求之间的失衡。这直接产生的负面结果是职业技能失配，进而导致失业率增加、失业周期延长、招聘困难、技能过时、低技能就业等职业匹配异化现象的出现。技能中国的目标是服务国家现代化发展战略，解决技能失配问题，培养和发展技能型人才，需要正视教育的本质和目的，强调教育的职业贡献价值；倡导终身职业教育与培训，重视政策导向和职业技能失配宏观监控；规范标准制定和认证过程，强调质量保证和新的数字化领域证书联通；重构课程内容和知识体系，推行机器人共融教育和数字化能力意识。

第一节
智能时代职业技能失配的社会背景

第四次工业革命（工业4.0）融合了物理、数字和生物世界的一系列新技术，使大规模生产成为可能，为数十亿人带来数字化能力，其中最关键的是人工智能技术的再次兴起。基于人工智能的超级计算机、无人机、虚拟助手、语音机器人、3D打印、DNA测序、图像识别、智能恒温器、可穿戴传感器等技术设备正广泛应用于我们的生活和工作场景之中，为经济、产业和学科的发展带来颠覆式变革。正如世界著名经济学家施瓦布（Klaus Schwab）教授所言："我们正处于一场革命的开始，这场革命从根本上改变了我们的生活、工作和相互联系的方式。"[1]在人工智能时代，自动化、数字化、机器人等技术发展趋势带来了社会职业体系的重构，人们的职业选择和就业路径面临新的机遇与挑战。欧洲技能和就业调查（European skills and jobs survey，ESJS）显示，40%的成年工人在过去5年经历了技术变革，47%的成年工人目睹了工作方式的转变，并预测在未来的高级经济时代，50%的工作将会走向自动化，超过72%的欧洲人担心机器将会抢走人的工作[2]。在人工智能时代，职业消亡、转变和再造的核心决定因素是职业技能，职业技能与职业岗位的实时匹配是个人生存和社会经济发展的保障和关键，但新兴技术的广泛应用加剧了职业技能的过时、不足、过度等各种职业技能失配（skill mismatch）现象的发生，导致了失业率上升、企业招聘困难、失业后再就业周期延长等问题，对经济社会发展和人类个体潜能发挥产生了消极影响。

目前，国内对职业匹配的研究较多，通过引用国际个人与职业匹配理论和相关模型及量表探索如何提高学生就业的质量和满意度，为潜在就业者提供有效择业策略和职业指导。其中，应用较多的理论包括"职业指导"创始人弗兰克·帕森斯（Frank Parsons）提出的特性因素论（trait-factor theory）和美国职业心理学家约翰·霍兰德（John Holland）创立的人格类型理论（personality typology theory）。个人与职业匹配理论应用的研究领域覆盖教师教育、研究生教育、普通高等教育、在线教育[3-6]等。此外，国内学者也开始关注教育和劳动力市场不匹配的现象，如有研究指出，目前有高达1/3的大学毕业生存在专业职业不匹配现象[7]；也有研究指出，目前教育中存在不匹配的原因是"过度教育"和"教育不足"，并特别指出了高等教育从精英教育走向大众教育和普及教育阶段过程中高校扩招引起的过度教育现象，即劳动者所受教育年限超过职业对受教育程度的要求，从而造成职业错配和人力资源浪费[8]。国内学者将劳动者掌握的技能与从事的工作岗位要求不匹配的现象称为技能错配，相关研究包括技能错配的发生率和对工资的影响[9]，技能错配造成的对宏观经济的影响[10]。从以上文献可以看出，国内研究主要关注职业匹配以及错配对经济社会和个体发展的影响，研究重心主要放在接受正规教育的学生群体，忽略了整个劳动力市场的成人学习者和在职学习者，特别是在非正规学习和非正式学习环境下的在职学习者；现有研究主要从个人与职业匹配理论视角出发，忽略了人工智能时代背景下职业失配成因的提炼与分析，因而在研究对象和研究背景方面存在不足。人力资本理论认为，人的知识、技能、能力等人力资本投入对经济有重要推动作用，但人力资本的发挥必须取决于个人是否能够从事最适切的职业岗位，而个人如果从事的是所掌握的技能与就业岗位要求不匹配的职业，则统一称为职业技能失配。对于国际通用语"mismatch"的翻译采用"失配"而不是"错配"，旨在尊重职业的技能动态变化规律。由于社会科学技术的持续发展,职业技能与职业岗位的匹配会不断"适配"和"失配",职业技能只有"合适"与"不合适",而没有"对"与"错",因此,"失配"用语更为适宜。

在国外,职业技能失配研究已有近 20 年的历史,受到美国、德国、英国等发达国家以及欧盟、经济合作组织、世界银行、国际劳工组织等国际组织的高度重视,例如欧洲职业培训发展中心(European Centre for the Development of Vocational Training,CEDEFOP)专注于职业技能失配研究有数十年之久,并发布了一系列的报告,积累了丰富的研究成果和实践经验,为政策制定者提供了大量的策略建议和决策参考。

第二节
智能时代职业技能失配的内涵特征

人工智能是利用计算机进行智能行为模拟,以及机器模仿智能人类行为,包括数字计算机或者数字计算机控制的机器模拟,从而延伸和扩展人的智能[11]。人工智能的优势包括降低成本,增强预测能力,适宜于非结构化环境,例如基于人工智能的图像识别技术应用于医疗领域,将医生诊断的失误率从 29% 降到 3%,并大大提高医生的诊断效率[12]。但人工智能对职业带来的直接负面影响是职业技能失配,即因职业供给和需求失衡导致失业、招聘困难、技能过时和不得不选择从事非个人潜能发挥的工作等职业匹配异化现象。职业技能失配主要包括三种类型。

一、技能不足

人工智能、数字化、机器人等技术的拓展应用给技能需求带来巨大影响。据预测，在未来 5 年，人们已经拥有的大量工作技能将无法适应技术需求的转变，迫使个人必须持续学习并迅速适应新技能要求，以应对可能经历的技术失业和工作薪酬两极分化。在人工智能时代，技能不足对于企业而言，会出现招聘困难、空缺职位难以填补等现象；对于求职者个人而言，会因为技能不足而难以就业，特别是已经失业人员，重新回到就业市场后将比未经历职业中断的人员出现更大的职业技能差距。这种社会现象也发生在资历较少或初次就业的社会群体中，包括家庭女性、年轻工人、大学应届毕业生等，他们在就业选择时往往发现自身欠缺工作岗位所需的职业技能。技能不足对个人可能造成难以就业、生存压力和数字鸿沟；对企业而言，会造成创新力、创造力和灵活度降低，影响企业生产力增长；对社会而言，会造成经济增长缓慢、缺乏活力和发展失衡。寄希望于在人工智能时代的数字经济中生产和发展，并符合未来工作技能要求，个人不仅需要具备良好的数字技能，还应具有系统认知技能和社会情感技能，包括解决问题的能力、创造力、学习能力、沟通技能和协作能力。

二、技能过度

教育扩张是最近几十年全球性的发展趋势，但发达国家的教育扩张对教育收益有着负向的影响，而造成的原因是过度教育导致教育投入和产出不匹配[13]。过度教育也会引起技能过度，指受教育者从事低于本身所接受教育或拥有技能的职业，降低了人力资本的价值。据统计，有大约 1/4 的欧盟国家应届大学毕业生所从事的工作岗位的职业要求低于他们自己拥有的资历能力,而有 27% 的成年人在开始工作时拥有的技能高于岗位所需。此外,对于在职工人而言,基于就业前的正规教育和培训,工人们会在工作场所投入和发展自我人力资本,能够持续掌握现有的官方正式资历(资格、证书和文凭)之外的技能。据统计,超过 1/5 的年长工人尽管从资历表征上显示技能不足,但仍通过继续教育或培训掌握了必要的工作技能。而与此同时,许多工人发现自己目前从事的工作难以充分发挥其潜力。技能过度部分反映了就业机会的明显下降,劳动力市场竞争的激烈,从而导致受过高等教育或高技能培训的从业者不得不从事低技能工作。但从企业的视角看,招聘和使用技能过度的工人并不能产生额外价值,低技能、低工资、低福利的新福特主义产业路线是众多企业坚守的发展模式,对于社会经济发展其实弊大于利。技能过度也反映了资历认证的不足,这也是欧洲国家大力推动国家资历框架和区域资历框架建设的根本原因,希望借此建立和推行非正规和非正式技能认证制度体系,提高经济社会生产率和教育收益。

三、技能过时

技术的持续动态更新迭代导致大量职业技能过时,缺乏对人工智能时代所需技能的及时培训和补充,有可能让 25%～40% 的工作岗位处于自动化高风险之中。据统计,欧盟成员国中约有 10% 的工作岗位被发现面临技术技能过时的高风险,其中,爱沙尼亚(23%)、斯洛文尼亚(21%)和捷克共和国(19%)最甚[14]。就行业而言,从事供水管理、燃气供应、建筑、农业、林业、制造等相关职业的工人更有可能在工作中体验不断变化的技能要求(见图 1-1)。对于那些受雇于过去 5 年中不断经历技术变化的工作中的工人,他们的一些技能很可能在未来 5 年内过时。

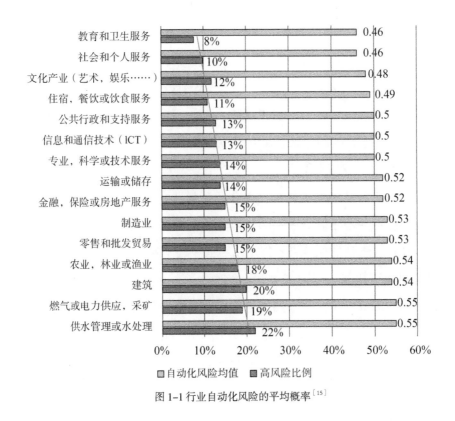

图1-1 行业自动化风险的平均概率[15]

尽管技能失配存在延续性和持久性，但并不是一成不变的，其本身就是一种复杂的、多维的和动态的社会现象，可以随着个人资历累积而变化。对于大部分工人而言，其初始职业技能的差距会随着时间的推移而逐渐缩小。在个人职业生涯中，技能失配的类型和演变通常来自技能增长比率以及工作任务复杂程度变化之间的平衡。这两种力量是相互联系的，虽然难以确定因果关系，但工作初始技能发展与工作后续技能形成之间存在显著的负相关关系。就职业技能发展而言，当个人进入较不复杂的、以非自治和有限的合同期限为特征的日常工作，几乎没有继续学习的空间和机会，他们的技能有更大的可能性会随着时间的推移而停滞不前，并出现技能不足和技能过时的现象；但如果个人选择融合了非正式学习的工作，获得与同龄人互动、向主管学习、反复实践等机会，其技能发展所受到的积极影响甚至会超过雇主提供的结构化培训课程，个人可以实现自身职业技能与工作岗位的匹配。

第三节
智能时代职业技能失配所致的挑战

人工智能时代技术和产品变革周期大幅缩短，公司从产品原型设计到市场销售进程得到加速，创意走向现实更快。此外，许多商业组织将不断减少对核心员工的依赖，可以借助大众或网络平台，推进产品的研发与生产，"草根"生产和"去中心化"运营模式将颠覆传统产业组织架构。在人工智能时代，数字化世界允许"胜利者"占领全部市场，技术产品快速实现产业化和规模化。人工智能时代的瞬息万变对职业技能提出了更高要求，职业技能失配将成为常态，对个人和社会带来诸多挑战。

一、失业率上升，失业周期延长，低质量就业普遍

在人工智能时代，传统的生产和商业模式被颠覆，大规模的就业市场被破坏，组织机构需要重组，技能短缺和不足问题日益增加，技能失配现象越发严重，劳动力市场不均衡导致高结构化失业率，失业率可能达到前所未有的顶峰。根据欧洲职业培训发展中心的统计，有40%的欧盟国家的企业雇主难以找到具备适当技能的人，40%的欧洲员工难以找到对应技能的工作，约有39%的欧盟成年工人过度使用并

不得不选择低质量的工作岗位，约有 30% 的欧洲工人拥有与其工作岗位要求不相符的资历，而仅有 45% 的欧盟成年工人认为他们的技能可以在工作中得到很好的发展和更好的发挥。此外，失业的周期被延长，长期失业者主要是低受教育者。据估计，到 2025 年，大约 48% 的欧洲工作机会需要拥有高等教育资历的员工，而 85% 的欧洲工作需要掌握至少一项基础的数字技能[16]。快速数字化和技能过时引发了人们对劳动力准备程度和适应能力的担忧，因此，减少技能失配的国家政策将有助于提高企业的生产力，改善工人的福祉。

二、工作转型，岗位消失，职业学习需求增加

人工智能时代的技术进步，包括机器学习、大数据分析、互联网技术和先进机器人将一起重新塑造全球价值链，重塑工作世界，重塑劳动力市场结构。有 88% 的工作面临着自动化的风险（见图 1-2）。由此，职业领域产生的转变意味着我们生活在一个希望和风险并存的年代。在人工智能时代，全世界数十亿人将无缝连接到数字网络，建

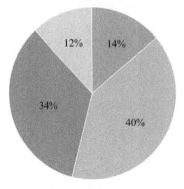

注：自动化风险的分类标准：高度风险 ≥ 70%；变革转型 50%~70%；适当调整 30%~50%；少许变化 <30%。

图 1-2 工作自动化的风险占比[17]

立新型的网络联通社区，显著提高各级各类组织的效率，重建自然环境下的资产管理模式，重构工作结构和类型，可以预测，更多领域的工作将逐渐被人工智能和自动化的应用改变，包括教育、保健、交通和制造等行业。根据欧洲职业培训发展中心的调查报告，很多受访者担心人工智能和机器人对就业产生重要影响，其中74%的受访者认为，由于使用人工智能和机器人，工作岗位消失的比例要大于新工作岗位增加的比例；72%的受访者认为，机器人窃取了人们的工作；44%正在工作的受访者认为，他们目前的工作可部分由人工智能和机器人完成[18]。根据欧洲职业技能报告的数据，14%的欧洲工作会自动化，被机器学习算法替代，由于缺乏补偿培训，装配工、收银员、司机等常规行业的1800万欧洲工人（8%）面临的风险很大。但人工智能和自动化从本质而言不是摧毁工作，而是转变工作，这需要新的技能输入以满足人工智能技术的应用。人工智能时代的工作要求工人更具有自主、规划、团队、沟通、顾客服务等技能。新形式的工作需要新的学习方式，平台学习、群体学习、同伴学习等非正规和非正式学习形式将成为主流。但不得不考虑的现实是：低技能工人将需要更长更辛苦的培训以适应新工作、新技能。

三、两极分化，收入不平衡，社会差距加大

人工智能时代的高度自动化导致工人遭受很多负面的就业市场结果。首先，许多人担心会失业，影响到工作的满意度，产生工作焦虑和消极心理情绪，影响其心理健康和工作效率。其次，高度自动化场景下工作的工人时薪要比同样的工作岗位低3.5%，收入的下降直接影响到工人的生活水平和人生幸福。最后，不同社会行业遭受人工智能自动化的影响不一样，但中低技能的工人更容易受到自动化的负面影响。由于缺乏及时的智力输入，很多低技能员工面临着失业的危机。

美国开展了一项未来计算机化对劳动力市场结果的预期影响的调查，其主要目标是分析风险工作的数量、职业的计算机化概率、工资和教育程度之间的关系。研究报告显示，美国约有47%的就业机会面临风险，而工资和教育程度与职业的计算机化概率呈现出强烈的负相关关系[19]，发达国家的教育收益值得反思。此外，人工智能时代新技术的应用，可以产生更多、更好、更便宜的产品，满足消费者更高的要求和创造更多的工作，但高生产率和劳动收入分配的联系被削弱，技术进步加剧了收入不平等，进而引发社会矛盾。在人工智能时代，技术突破倾向于取代低技能和常规的工作，现有的高技能工作，例如健康、法律、财经和教育等行业的工作，将会开展得更好更快，但人口危机威胁社会适应未来劳动力市场需求转变的能力，职业中期的工人比职业初期的年轻人更难以提升技能和改变工作。人工智能时代的职业技能失配将导致工资、工人工作小时、年龄要求和技能水平的要求不同，大部分人担心创新导致的工作创造超过了蒸汽时代，不会创造新的工作或任务，而是用人工智能进行商业创新，例如机器人，正更多地调整工作。由于很多工人无法跟上技能发展需要，两极分化加速，收入不均衡，社会差距加大，社会不公平现象加重。

第四节
智能时代技能中国的发展主要任务

截至2020年年底，全国技能劳动者超过2亿，其中高技能人才约5800万人，高技能人才的比例近30%[20]。2021年6月，人力资源和社会保障部印发"技能中国行动"实施方案[21]，技能中国行动从培养、使用、评价、激励等多个维度提出了多方面建设指导意见。

一、正视教育的本质和首要目的，强调教育的职业贡献价值

教育是人生存和发展的基础，教育的本质是提高生命的质量和价值，使个体通过教育，提高生存能力，从而能够生活得有尊严和幸福[22]。因此，教育的首要目的就是为让年轻人成为合格劳动力做好准备，教育所应当包含的技能和能力就是那些能让学生成为好的工作者的内容，用市场化的技能去培养学生是有价值的，让大众成为有准备的劳动力[23]。个体生存能力、价值的前提和直接体现就是通过教育获得职业技能，从而能够找到与个体特质和人格匹配的职业，满足个体生存发展，实现个体对社会和经济的人力资本价值，这也是教育的本质追求和首要目的。在过去几十年，教育已经成为全球经济发展的重要推动力，教育获得了长足的发展，在全民教育目标和千年发展目标之后，联合国教科文组织（UNESCO）又提出了"教育2030行动框架"，旨在"确保全纳、公平的优质教育，使人人可以获得终身学习的机会"，标志着教育已经由普及输入的初级阶段走向优质教育发展的高级阶段，全球高等教育也从精英教育进入了大众教育和普及教育时代。值得注意的是，教育的快速发展并不代表职业匹配的增加，越来越多的受教育者在完成学业之后无法找到与自我技能和特质匹配的职业；同时，很多企业发现无法招聘到技能合格的员工，职业技能失配已经成为当前教育发展不得不面对的问题。教育主管部门和教育机构应该将职业失配作为政策制定和主体办学过程中优先考虑的指标。回归教育的本质，重视教育对职业匹配的贡献值和导向，既是对人作为生命个体的尊重，也是对以人作为现代经济社会发展所需的智力资本的动力输入。

二、倡导终身职业教育与培训，重视政策导向和职业技能失配宏观监控

教育的理想目标是帮助每位学习者找到与个人性格和能力匹配的职业，实现个人职业生涯成功和个体潜能充分发挥，这也关乎社会经济的繁荣与可持续发展。但人工智能时代技术的迅速发展导致职业技能失配将成为社会常态，要应对职业失配，必须倡导终身职业教育与培训，推动终身技能发展，满足快速发展的新技能产生和应用的要求。终身职业教育与培训可以帮助填补技能差距，特别是在技术加速变革时期，可以帮助个人保持就业成功率和持续进步，提高发展动力，提高绩效和生产力，有利于工人、雇主和社会[24]。终身职业教育与培训的顺利开展需要企业投入、员工参与、培训时间保证和持续经费保障，但人工智能时代的企业组织可能无法适应、使用和管理新技术以获取利益，从而导致不平等增加，社会生产碎片化。因此，需要政府进行宏观政策规划和顶层价值导向，适时出台法律法规和政策条例，正面引导企业投入培训，鼓励员工参与技能提升，共同保证教育培训的时间和经费，加强对职业技能培训效果的检测和监督，推行职业继续教育与培训，缩小大公司和小企业之间的技能投入差距，消除技能失配导致的社会不公平。在欧洲，很多国家已经发布了在职业教育与培训的初始和后续阶段提供数字化技能培训的政策，技能短缺和技能失配一直是政策制定者的关注重点，政策制定者往往采取不同的战略措施以应对技能失配问题，强调可持续激励、持续学习、工作任务再造和推广高端产品市场与管理实践[25]。

三、规范技能标准制定和认证，强调质量保证和新的数字化领域证书联通

在人工智能时代，职业技能学习的方式将更加灵活多样，网络学习、线下学习、同伴学习、师徒学习等非正规和非正式学习形式将成为学习的主流，人们的职业学习将更有针对性，更有目的性，更注重实效性,在工作场景中的学习让学习者更能发挥自我主动性,基于职业导向的应用型学习更有利于提高教育的效益。在人工智能时代,由于拥有更加灵活、便捷的学习条件,人们不仅成为技能的学习者,也是技能的实践者和贡献者。由于数字化技术的广泛应用,将会出现大量新型的学习证书,以 MOOC 为例,其学习认证的方式就有课程徽章、课程证书、纳米学位、专业证书、专业学位等[26]。但各类技能的学习并不会直接体现在个人的资历证明中,不利于体现个人的社会价值,不利于个人的自由流动。因此,需要制定基于知识、技能、能力等各类学习成果的认证标准,推动各种技能学习的成果认证。国际上的普遍做法是建立资历框架以及配套的标准体系。据统计,全球建立资历框架的国家和地区总数已经超过 150 个,覆盖联合国列出的 193 个主权国家的四分之三,并进入到跨地区和跨国互认阶段,已经建立了 7 个区域资历参照框架,为 126 个国家提供了跨国资历和学分对接的标准和学分互认[25]。通过建立资历框架以及相应的质量保证标准、行业标准、课程标准、过往学习成果认证标准以及学分认证体系将是应对人工智能时代职业失配的有效举措。

四、重构知识体系与课程内容,推行机器人共融教育和数字化能力意识

人工智能时代的教育必须及时对技术做出回应,跟上技术发展的需要,甚至走在技术发展的前沿,否则可能导致受教育者难以胜任新的工作任务,所完成的工作质量也达不到相应的质量标准。响应技术的教育首先要落实到课程内容上,人工智能时代的课程内容需要进行重构和再造,应该拓展传统的知识,纳入现代知识体系和专题知识;人工智能时代的知识体系应涵盖创造性思维、批判性思维、沟通能力、协作能力等技能的培养,注重心智觉知、好奇、勇气、顺应力、道德

标准、领导力等性格品质培养，而最重要的是塑造学习者的元学习能力，引导学习者不断进行反思和适应训练，形成元认知思维。人工智能时代机器人将越来越普及，广泛应用于工作、生活和学习等不同场域，应该推行机器人共融教育，教育中不仅包括数字素养训练，还应该包括一系列的关键能力培养，例如创新能力、数字能力、科学能力、技术能力、工程能力、数学能力、语言能力和学会学习能力，不断改变学习的方法，机器人共融教育应该纳入宏观的职业教育与培训课程体系以及国家的政策行动导向。根据欧洲职业培训发展中心对在线职位空缺的分析报告，欧洲雇主最关注的技能是对变革的适应能力，在人类与机器人更加密切互动的未来世界中，能够拥抱变化将至关重要[27]。

本章小结

职业技能失配对社会和经济发展带来负面影响，对个人潜能和生命价值发挥具有消极作用，对教育的本质和根本目的引发质疑，政策制定者、教育提供者、企业雇主、受教育者、企业员工等各个利益相关方应共聚合力以应对职业技能失配现象，明确类型，挖掘成因，共谋策略。在人工智能时代，要应对职业技能失配，应始终重视个体的生命价值，尊重人的潜能，开展以人为中心的教育和技能培训，正如施瓦布教授所呼吁的那样，"共同塑造一个适合所有人的未来，将人放在第一位，赋予他们权力，并不断提醒自己所有这些新技术首先是人们为人们制造的工具"。

参考文献

[1] Schwab K. The fourth industrial revolution［M］. Geneva：World Economic Forum，2016.

[2] CEDEFOP. Insights into skill shortages and skill mismatch［EB/OL］.（2018-01-30）[2019-06-30]. https：//www.cedefop.europa.eu/files/3075_en.pdf.

[3] 伊师孟，丁道勇. 走出"人职匹配"的神话：对中国教师招募基本原理的审视［J］. 教育发展研究，2018，38（6）：62-67.

[4] 张海宁. 女研究生择业困境的出路：特质因素理论的分析视角［J］. 河北师范大学学报（教育科学版），2008（4）：65-67.

[5] 吴建斌，沈娟凤. 基于霍兰德人格类型理论的大学生职业性格分析［J］. 教育与职业，2014（8）：87-89.

[6] 衷克定，杨莉莉. 人格类型理论视角下的在线学习活动设计验证［J］. 现代远程教育研究，2016（2）：81-89.

[7] 孙海荣. 基于人力资本视角下的我国大学生专业－职业匹配的实证研究［J］. 中国人力资源开发，2015（3）：77-83.

[8] 王春超，佘诗琪. 户籍异质性、职业匹配与收入差距［J］. 经济社会体制比较，2017（3）：10-20+53.

[9] 刘云波. 教育错配和技能错配的发生率及其收入效应：基于中国CGSS2015的实证分析［J］. 东岳论丛，2019，40（3）：60-68.

[10] 陈利锋. 技能错配、不平等与社会福利：基于包含异质性技能的DSGE模型［J］. 经济科学，2017（6）：58-71.

[11] 谢青松. 人工智能时代职业教育的转型和发展［J］. 教育与职业，2018（8）：50-56.

[12] 同［2］.

[13] 方长春. 教育扩张是否影响了教育收益率：基于中国城镇数据的HLM分析［J］. 教育研究，2019，40（1）：111-121.

[14] 同［2］.

[15] Pouliakas K. Automation risk in the EU labour market：A skill-needs approach［EB/OL］.（2018）[2023-06-30]. https：//www.cedefop.europa.eu/files/automation_risk_in_the_eu_labour_market.pdf.

[16] 同［2］.

[17] 同［15］.

[18] European Commission. Attitudes towards the impact of digitisation and automation on daily life［EB/OL］.（2017-05-19）［2023-06-30］. http：//ec.europa.eu/commfrontoffice/publicopinion/index.cfm/Survey/getSurveyDetail/instruments/SPECIAL/surveyKy/2160.

[19] Frey C B, Osborne M A. The future of employment：How susceptible are jobs to computerisation?［J］. Technological Forecasting and Social Change, 2017, 1：254-280.

[20] 李心萍. 技能中国行动正式启动："十四五"时期有望新增技能人才4000万以上［J］. 职业, 2021（18）：16-18.

[21] 人力资源和社会保障部. 人力资源和社会保障部关于印发"技能中国行动"实施方案的通知［EB/OL］.（2021-06-30）［2023-08-15］.http：//www.gov.cn/zhengce/zhengceku/2021-07/06/content_5622619.htm

[22] 顾明远. 再论教育本质和教育价值观：纪念改革开放40周年［J］. 教育研究, 2018, 39（5）：4-8.

[23] 琳·埃尔金, 李雁冰. 教育的目的［J］. 教育发展研究, 2016, 36（18）：1-6.

[24] CEDEFOP.Continuing vocational training in EU enterpriser［EB/OL］.［2023-08-20］.https：//www.cedefop.europa.eu/files/5573_en.pdf.

[25] 同［2］.

[26] 谢青松. 基于终身教育资历框架的MOOC学习成果认证与衔接［J］. 中国职业技术教育, 2019（9）：20-27.

[27] 谢青松, 吴南中. 终身教育资历框架下的质量保证机制：欧盟和东盟的策略与启示［J］. 成人教育, 2019（3）：86-93.

第二章 陶行知教育思想对技能人才培养的价值

【内容提要】

技能人才的培养主要依靠各级各类职业教育来实现。随着以人工智能、大数据、云计算等为核心的信息技术飞速发展，社会发展步入智能时代，全社会共建优质教育资源并实现广泛共享，联通与融合的教学空间支撑多场景化学习，灵活性与个性化的教学方式成为重要趋势，这都对职业教育的人才培养提出了新的要求。陶行知先生提出的生利主义对职业教育进行了细致阐述，明确了职业教育的根本目的：为个人衣食住行生利，为社会和国家生利。谋求国家的进步与发展，其本质是实现个人价值，让人民过上幸福生活。陶行知先生的职业教育思想对当今技能人才培养的价值取向和目标都有重要的指引价值。

第一节
智能时代教育系统的动态变革

从一定跨度的时空变化来看,教育不仅受到社会、经济的影响,也受到信息技术的影响。人工智能技术的出现促使教育系统发生动态变革。

表 2-1 不同时代教育要素的变化

要素	时代		
	农业时代	工业时代	智能时代
知识内涵	与生产劳动相关	提纯、分科、少数知识分子的智慧	综合、动态、生产即传播、全部人类智慧
主要媒介技术	纸质书本	印刷品、电子媒介	数字媒介
教学组织形式	口耳相传	班级授课	班级授课 在线教学 混合式教学
知识主要生产者	家长、前辈或教师等	知识分子、教师等	全社会
主要学习场所	家庭、田野、私塾等	学校、教室等	无固定场所
教育范畴	家庭教育、个体教育	国民教育体系	终身教育体系
属性	阶级教育	精英教育	全民教育

通过表 2-1 可以发现,在智能时代,教育系统呈现出显著性变化,主要体现在以下五个方面。

一、教育机会在时间上和空间上得到拓展延伸

自从班级授课制出现以后,学校成为主要的教学场所,人们重视学校教育机会,教育视野局限在国民教育体系的范畴,把个人成就、学校、教育公平紧密联系起来。国民教育体系主要是指国家通过制度或法律的

形式，对本国所有享有公民权利的人提供的一种不同层次、不同形态和不同类型的教育服务系统。国民教育体系主要包括学前教育、九年义务教育、高中教育和大学教育。由于受到制度影响，学校教育通常只提供给适龄群体接受教育的机会，教育覆盖面有限。在智能时代，全社会正在努力构建全民终身教育体系，终身教育体系不仅涵盖了国民教育体系，还更大范围地囊括了职业培训、社区教育、老年教育等。只要有学习意愿的个体，在人生的不同阶段，都可以接受教育，且打破时空限制自主地选择自己适合的学习形式及需要的学习内容。越来越多的企业、社区、开放大学、老年大学都承担了终身教育的重要任务。个人即使没有抓住学校教育的机会，依然可以通过接受职业教育或继续教育，提升自己在就业市场的竞争力，实现人生价值。

二、全社会共建优质教育资源并实现广泛共享

教育资源是开展教与学活动的基础，广义的教育资源涵盖了人力、物力和财力等资源，教学资源是指围绕教学活动开展相关的教学要素的总和。在农业时代，知识的存储媒介主要是纸质的书本，形式单一且十分紧缺，仅有极少数人能够获得。在工业化时代，教学资源主要来自学校教育体系，政府投入教育专项经费，支持基础教育、中等教育到高等教育不同阶段的教育发展，建设教学资源，强化了人们对学校文化资本的认识。随着信息技术的发展，教学资源的形式由原来的印刷品转向数字化资源，网络通信技术的飞速发展，可以将数字化的优质教育资源传输到偏远地区，促进优质资源在不同地区的共享，弥补教育欠发达地区优质师资不足的缺陷。学校不再是唯一提供教育服务的机构，教师也不再是唯一的知识提供者，全社会都蕴含着丰富的教育资源。越来越多的人借助互联网，将自己的知识、经验、智慧分享给其他人，教师的权威的角色逐渐被打破，每个人都可以成为教师。

三、联通与融合的教学空间支撑多场景化学习

教学空间是教与学的行为发生的重要环境支撑。在农业时代,教学活动通常发生在田野间或家庭中,人们通过口耳相传的方式完成。在工业化时代,随着班级授课制的产生,学校与教室成为教与学的行为发生的主要物理环境,受制于地理位置、入学年龄、学位制度等因素,很多人被排斥在传统学校教育之外。在智能时代,学习空间正在发生结构性变革,呈现出一种后现代化转向,在物质层面是虚实融合、时空融合的分布式智能环境,在社会层面体现出社会联通、以人为本的教学关系与秩序,同时也是融合知识生产、传播、应用体验的精神空间[1]。线上与线下的融合、虚拟和现实的融合、正式与非正式学习空间的融合,打破了时间和场所的限制,为学习者呈现多样化的学习场景。

四、灵活性与个性化的教学方式成为重要趋势

教学方式是对教学活动的概括性解释,体现了某个时期或阶段教学的综合特征[2]。在农业时代,教学活动主要发生在非正式的学习场景中,以经验模仿为主。在工业化时代,教学活动主要基于行为主义的教学范式,以教师为中心,向学生传递知识。在智能时代,多样化教学媒介的出现使得移动学习、泛在学习成为重要的学习方式,教师鼓励学习者在复杂的网络中,灵活自主地找到有价值的知识,找到与自己兴趣爱好相同或经历相似的人,构建自己的社会网络与知识网络,开展探究学习、合作学习等。

五、教育评价关注个体的能力增值与潜能发挥

教育评价是对教育目的的反馈,也是判断教育目标是否达成的过程。传统教育评价的出发点是以社会发展为价值中心,根据社会发展的整体需要来确立教育目的和建构教育活动,追求"标准化""统一

性""一刀切",追求成绩和分数的"功利主义"。随着人工智能、大数据等技术的飞速发展,未来社会将充满不确定性,人们需要面对不同的挑战、不同的问题。无论是国家的未来发展,还是个人的发展,都要求将培养创造力、协作交流、批判性思考、解决真实问题的能力、社会责任等放在优先地位。放眼全球,对教育质量的评价,不再以单一或者绝对性的标准去衡量,对个体的评价也不再局限于考试成绩、学历、社会地位等。经济合作发展组织(OECD)开展的国际学生评估项目(PISA),对15岁学生的阅读、数字、科学能力进行评价。自2015年开始,项目每三年增加一个新的维度,判断各国学生在瞬息万变的世界发展中,是否与时俱进地具备未来所需要的核心能力。2015年新增"协同解决问题的能力",2018年调查中加入了"全球胜任力",2022年"创造性思维能力"被纳入评测内容,核心素养、信息素养、数据素养成为重要的评价内容,2025年"科学素养"被纳入测评框架。在智能时代教育评价逐步转向关注个体的优势和长处,促进个体潜能得到最大发挥。

第二节

智能时代技能人才培养的挑战

人工智能已得到世界各国政府的高度重视。早在2017年9月,俄罗斯总统普京曾在面向全俄中小学生的公开课上宣称:发展人工智能不仅代表着俄罗斯的未来,也是全世界的未来。该领域的领先者将成为全球统治者。从人工智能的发展阶段可以看出,美国在人工智能领域有着绝对的优势,我国虽然在人工智能发展上起步较晚,但近几年发展迅速，已与美国形成齐头并进之势。在人工智能时代，我国要想实现"弯道超车"甚至"换道超车"，最关键的因素就是人才，但目前国内外对人工智能时代的人才培养和就业存在争议。第一种观点认为人工智能会给人类带来灾难，导致大量岗位消失，很多人失业，因而对人才培养持消极态度。例如：著名科学家霍金一直是人工智能威胁论的支持者，并多次发出警示，认为科技发展已经摧毁了许多传统制造业和蓝领岗位，接下来可能给中产阶级带来类似灾难。特斯拉 CEO 埃隆·马斯克则宣称：未来人类在智力上将被远远抛在后面，并沦落为人工智能的宠物。第二种观点却认为人工智能不会给人类带来灾难，虽然会造成一些工作任务的减少和岗位的消失，但会因此而产生新的职业。例如：比尔·盖茨曾公开发言，认为所谓的人工智能变得超级聪明的危险，实际上是未来的出路；美国智囊机构信息技术与创新基金会主席罗伯特·阿特金森（Robert Atkinson）博士认为，人工智能和过去的科技一样，会适当地促进生产力增长，但对总体的工作数量和失业率没有影响。著名法律顾问鲍尔·费力罗（Paul Ferrillo）从人工智能和网络安全的角度认为，人工智能或机器学习平台不会令网络安全岗位减少，反而因人工智能时代的到来，需要更多网络安全工作人员。

人工智能确实会淘汰和替代大量现有工作岗位或任务，但又会创造新的职业和就业岗位，从而最终实现劳动力市场的供需平衡。但这个转变过程将伴随新一代的工业革命和产业升级进行，是一个漫长的过程，也可能是一个痛苦的周期，这种转变对以培养技术技能型人才为目标的职业教育来说是一个挑战。对于技能人才培养有以下三点值得思考。

一、现有专业培养的人才面向的就业岗位消失与否

人工智能肯定会导致大量工作岗位的消失，这点毋庸置疑，尤其

是大批简单、重复性和标准化程度高的工种，将首先面临被淘汰的命运。随着深度学习、机器学习技术的进步，任何有固定路径、标准模式可遵循的体力劳动甚至脑力劳动，无论简单还是复杂，都有可能被人工智能替代。具体来说，流水线上的技能工人、信贷员、柜台服务员、零售销售员、出租车司机、会计等很可能被人工智能替代。对于这些即将消失的职业或岗位，高等学校应根据开设的相关专业进行分阶段撤销，以避免出现学生毕业就失业的尴尬现象。

二、人工智能行业所需要的专业人才培养准备程度

人工智能的快速发展急需大批专业人才。据统计，美国人工智能初创企业现有大约 78 700 名员工，我国大约有 39 200 名员工，还不到美国的 50%。我国对人工智能人才的需求数量逐年上升，数量已经突破百万，但因国内高校人工智能专业教育和培训滞后，人才出现严重短缺现象，以致无法满足人工智能企业的发展需求。职业教育的目标是服务于国家经济社会发展，培养高素质技术技能型人才。现有职业教育体系要及时回应人工智能行业的人才需求，及时增设或改扩建相关专业。

三、人工智能紧密融合的行业人才需求应对情况

人工智能将与大量行业深度融合，从而推动传统工作岗位进行转型升级。2015 年 5 月 19 日，国务院印发《中国制造 2025》，对智能制造进行了界定，指出智能制造主要是指基于物联网、云计算、大数据等新一代信息技术，贯穿设计、生产、管理、服务等制造活动各个环节，具有信息深度自感知、智慧优化自决策、精准控制自执行等功能的先进制造过程、系统和模式的综合。由此可见，未来的制造行业将是智能化行业，高等学校应及时调整或重构现有相关专业和课程，以培养学生具备智能化、数字化岗位的职业能力素质。

第三节
陶行知职业教育思想的核心内容

一、陶行知职业教育思想的形成
（一）陶行知职业教育思想社会背景

陶行知先生作为一位伟大的教育家，也是一位关心民族命运，富有社会责任感的知识分子。他生活在内忧外患的旧中国，社会政权不稳定，人民流离失所。从思想上来看，当时的中国科举制度刚刚寿终正寝，新的教育思想尚未形成，人民渴望找到一条适合的社会发展道路，但是又手足无措，新旧思想冲突严重。陶行知先生作为那一批受到过中国传统文化熏陶，又接受了当时西方先进理念的知识分子中的一员，他秉持改良的思想，将自己的所学与中国当时的社会环境结合起来，基于教育实践探索，寻求教育改革的道路，期望实现民族振兴。

陶行知的职业教育思想正是在积贫落后的旧中国的社会背景下提出的，他受到黄炎培等人的职业教育思想的影响，于1918年11月3日在《教育与职业》第1卷第8期发表《生利主义之职业教育》一文。这篇文章系统地阐述了其对职业教育本质的理解。职业教育是陶行知整个生活教育学说不可缺少的一部分，他的"生利主义"的观点，构成整个中国近现代职业教育思想发展史上的重要一环[3]。

（二）陶行知职业教育思想理论来源

陶行知先生在留美期间，曾师从美国著名的教育家杜威先生，受到了杜威的教育学思想的熏陶和影响。陶行知职业教育思想来源主要是杜威的实用主义。约翰·杜威是实用主义的创始人，"有用即是真理"是实用主义哲学的经典表达[4]。杜威提出教育即生活，教育即经验的改造，学校即社会。他认为个体在社会生活中不断与人接触，相互影响，养成道德并习得知识和技能，这就是教育。由于改造经验必须紧密地与生活结为一体，而且改造经验能够促使个人成长，因而他提出教育即为经验改造。他还认为，人类在日常生活中通过工具、机器等的使用，不仅满足了生产和生活的需要，也在对一系列的工具使用过程中，发现其价值，形成了所谓的知识，这也是他的实用主义技术观的一部分，对陶行知先生有重要的影响。

（三）陶行知职业教育思想实践来源

陶行知职业教育思想的主要实践来源是他创办的学校及社团。1927年陶行知先生创办了南京晓庄师范学校，他在办学实践中，进一步理解到"教学做合一"的重要性，指出要将学习与现实生活联系起来，同时系统性的知识学习也非常重要，能够有效地指导实践经验。他创办的晓庄学校，是一所典型的教学改革实验学校，即将教学与生产、生活相结合起来，以活动为教学的中心。在晓庄学校，学员直接参与到当时的平民教育中去，进行实地的教学工作，摸索那个特殊时期的教学。学生作为师范生，他们的教学知识是自己在亲身教学的活动中获得的，而不是老师专门进行教导。这个教育实践使得"生活教育"的理念深入人心，学生的学习过程就是生活过程的本身，学生学习的目的就是为了更好地生活。

1932年，陶行知先生在上海创办了"上海工学团"。上海工学团肩负着神圣历史使命，那就是在国家危急存亡关头，要组织群众，发挥群众的集体力量，团结一致，养活大众，抵御外敌。上海工学团以最敏捷的手段，在广大乡村尽量推进和培养普遍的军事、生产、科学、识字、运用民权和节制生育六大能力，以便把每一个乡村改造成为国家的健全分子，把贫弱的中国改造成为能够抵御凶残顽敌的强大国家[5]。工学团最重要的创造是发明了"小先生制"，这是推行生活教育、普及教育最有效的途径。上海工学团的创办实践加深了陶行知先生对生活教育的理解。

1946年，陶行知先生创办了重庆社会大学，这是一所现代化职业教育的高等学校，是陶行知职业教育思想的正式落地。

二、陶行知职业教育思想的内涵

（一）陶行知职业教育思想的本质：人的自我实现

陶行知提出应以生利为主义，生利主义的核心精神是利群。职业教育以生利主义为准绳[6]。生利不是简单地追求温饱，更是个人自我的实现。陶行知一直主张教育救国，他指出"目前中国的教育只有两条路线可以走得通：（1）教劳心者劳力——教读书的人做工；（2）教劳力者劳心——教做工的人读书"。一条是"教劳心者劳力"，改革劳动者的心智，即教人们读书，另一条是"教劳力者劳心"，即教劳动的人去读书、识字，掌握一定的知识，而不是单纯地去干苦力活。思想的开化和体力的劳动是当时时代背景下民众的迫切需求，因此，可以说陶行知职业教育思想的本质是人的自我实现。

（二）陶行知职业教育思想的价值追求：幸福生活

陶行知对生利主义职业教育的设想是师资、课程、设备围绕"事"来设置，学生根据自身的才能、兴味来学习，以达成事内的目的：乐业[7]。乐业是基于自己的兴趣对自身所从事的职业的喜爱，更高的目标是实现幸福生活，尤其是在积贫落后的中国，无论是哪个社会阶层，都迫切希望能够获得安稳的生活。生利教育不仅仅是衣食，更是通过自己不断的劳动，学习技能，具备一技之长，才能更好地过好生活，反映出职业教育的思想价值追求是个人的幸福生活。陶行知认为，学校以生利主义为办学宗旨的话，则能让那些浑水摸鱼的学生无所遁形。父母为了让自己的孩子能够生利，纷纷将孩子送入学校，久而久之就有越来越多的学生接受生利之教育，成为生利之人。这些生利之人通过生利之事、生利之物来更好地服务国家、服务社会[8]。

三、陶行知职业教育原则与内容

（一）陶行知职业教育的原则

1. 大众性

陶行知职业教育思想首先体现的是大众性的原则，即社会大众人人都可以通过职业教育，获得生活的技能，为自己生利。职业教育不是某个人的特权，不是阶级的教育，职业教育的目的不仅是培养能够为自己生利的人，更是培养为社会、为国家生利的人，这样的人不仅可以在城市，还可以在乡村。他创办的重庆社会大学，招生面向全社会具有学习意愿的人。他写到"只怕课堂少，不怕课堂旺。来一个收一个……都欢迎加入这个大学堂"，不分阶层、不分年龄、不分身份的高低贵贱，人人都可以学。

2. 实践性

陶行知职业教育思想的第二原则就是实践性。在教学过程中，他经常教导学生要"教学做合一"。在职业教育中，无论是多么微小的技能，既要劳心，也要劳力，即既要有知识武装头脑，也离不开实践。个人的实践经验是宝贵的财富，通过实践能进一步检验自己技能的获得，更好地实现衣食的满足，实现为社会、国家贡献。除此之外，他还指出职业教育的老师也必须具有实践经验。陶行知提到"健全之职业教师，自必以经验学术教法三者皆为标准。三者不可得兼，则宁舍教法学术而取经验"。如果三者都满足，就是理想的职业教育的老师，如果不能三者都满足，也必须具备一定的实践经验[9]。

（二）陶行知职业教育的内容

职业教育的目的是生利。陶行知先生认为生利有两种：一种是生利之物，就是我们通过对科学知识的学习来使用工具、创造工具，比如农民生产粮食，建筑师造房子等；二是生利之事，就是运用我们的知识来服务别人、服务社会，比如医生给别人治病，教师给学生上课等。近代中国处于被列强压迫的局面，要想救国救民，必须施以教育，启发人们的心智。陶行知先生提出教育要解放思想，不能死读书，他认为"中国的教育已经到了绝境，千万不要空谈教育，千万不要空谈生活，只有发明工具，制造工具，运用工具才是真教育、真生活"[10]。他强调职业教育是生活教育的一部分，"生活为全体，职业为部分，教育为全体，职业教育为部分"[11]。职业教育立足于生活教育，通过职业教育，提升职业技能，获得工作，用自己的劳动报酬养活自己，为社会和国家做出贡献，走上强国之路。

　　职业教育需要能够培养生利之人的教师。陶行知先生认为，职业教育的老师必须具有生利的经验，职业教师之第一要事，即在生利之经验[12]。马克思主义强调实践是人存在的方式，人们通过实践不断认识世界，掌握改造世界的本领。"生利"的经验正是秉持了马克思主义的实践观。一个职业教育的教师，只有自己具备一定的实践经验，才能培养出具有一定的知识与技能、对社会有益的职业技能人才。同时，职业教育的教师不仅要具备职业经验，更要有与时俱进的生利学识。

　　陶行知借鉴生活教育的内容改造职业教育的课程，他提出"职业学校之课程应以一事之始终为一课……每课有学理，有实习，二者联络无间，然后完一课，即成一事。成一事再学一事，是谓升课"[13]。他以种豆为例，指出围绕种豆所应该了解与掌握的各种知识技能就算作一课。该讲种豆理论的就讲理论，该讲如何种豆的就去实践，知识与技能交错实践，直到最后学会种豆一事就为一课[14]。

第四节
陶行知教育思想对技能人才培养的启示

从教育发展的角度来看，技能型社会是我国职业教育发展的新理念。陶行知教育思想对职业教育具有重要启示，主要体现在以下四个方面。

一、重新定义职业教育，革新理念思维

人工智能时代的职业教育将更多地依赖数据和智能技术支撑决策、办学和教学，因此，职业教育的人才培养规格、办学定位、教学内容、考核标准和师资队伍建设等都需要重新定义，并在教学和管理过程中贯彻、落实和应用人工智能理念，形成以人工智能开展工作的思维模式。在人工智能背景下，职业教育要为学习者提供个性化学习服务、智能推送和精准反馈服务，从而实现以学定教和精准教学。职业教育教师现有的重复性和大量数据积淀的教学任务，都可能被人工智能所取代。课堂教学也将与人工智能技术进行深度融合，出现智能机器人教师。而教师则要更多地关注人本教育，如道德教育、情感教育等。职业教育学生的学习方法和方式将得到重构，碎片化和个性化学习日益普遍，知识来源和评价体系也更加多元，教师能完整地跟踪学生的整个学习过程，课程证书的意义和价值将远远大于文凭。职业教育将出现"新师徒制"，行业领域的行家里手将通过"互联网"以言传身教的方式，带领规模庞大的徒弟用碎片时间进行学习与实践。人工智能可以给"新师傅"当助手，在海量的人群中挑选合适的师傅，并帮助师傅进行教学，对"徒弟"进行大数据分析，掌握其学习特点和需求。很多职业将来可能不复存在，这给职业院校和传统教育体制

带来巨大的冲击。因此，职业院校应及时调整专业设置，加强智慧校园建设，并注重培养学生的综合职业素养、创新和设计能力，以满足社会对高素质技能型人才的需求。随着人工智能时代的快速发展，职业教育体制也将走向个性化、时间弹性化、内容定制化、方式混合化、评价过程化和机构开放化，将会出现职业教育学习中心，学习中心的评测将以描述、诊断和咨询为主。

二、融合人工智能技术，改变教和学

在未来25年，人工智能对教育的影响主要体现在两个方面：一是人工智能对教育的影响，其将聚焦于课堂实践、教师协作和技术多元应用等；二是人工智能对学习的影响，其将融入学生日常生活，支持学生的社会实践、文化习得、目标实现和社区融入等。在人工智能时代，教育大数据采集和人工智能的应用，可以实现对学生学习过程、生活过程、教育过程的全场景过程化数据采集，并对采集数据进行分析进而形成学生画像，向学生智能推荐和提供个性化服务、个性化教学、个性化辅导和个性化学习，以减少学生的无效做题时间和学习时间。与此同时，对学生进行非知识性数据采集，还可以帮助教师确定如何进行创新性培养，教师可以根据学生的实时心理特点和情感特征进行精准教学，及时调整教学方法和手段，优化教学评价方式，补充教学资源，减少备课重复性工作，提升教学效率，从真正意义上提升教学成效。新时代的职业教育不再是单纯的学习，而是动态的常态化数据记录，并贯穿整个教学考评的全过程。在学生毕业时，未来招聘企业看到的不是一个简历，而是每个学生的数据档案，如学生是否上课、是否迟到早退、是否上课睡觉、是否积极回答问题、是否坐教室前三排、是否在教室里合作学习等，都可以从数据中一目了然，从而通过基于大数据的评价模型给学生一个更科学、更全面的评价。学生

的数据将是其未来求职和终身就业的最好凭证。职业院校要告知新入学的学生,在学习期间学校会进行数据全采集和全画像,以激励学生在求学生涯中自主学习,从而通过个性化教学与数据化管理,提升教学质量,提高对学生学习管理的成效。

三、树立终身学习理念,构建职业教育资历框架体系

宽资本董事长关新提出,在人工智能时代,"教"与"学"将会向"终身学习"的方向发展,这对于职业教育的发展尤为重要。在人工智能时代,技能型人才的"技"要么在被人工智能数字化改进的路上,要么就面临被机器人替代的危险;而"能"如果不及时进行"充电",则会不断地"消耗",导致技能型人才很可能随时被抛进低端就业市场,"守着一门技术吃一辈子老本"的时代将一去不复返。因此,职业教育要树立终身学习的理念并将其纳入终身教育体系。政府要做好顶层设计和宏观指导,并加大政策支持。在国际上,职业教育早已纳入很多国家的终身教育体系,职业教育的学习成果通过资历框架体系,可以和普通教育、继续教育等其他类型的教育进行互换,且职业教育也可以与其他教育类型彼此衔接和相互沟通。例如,2008年,欧洲发布了区域资历框架,职业教育属于资历框架的第三级和第四级,通过资历框架职业教育实现了与普通教育学历层次的上下衔接和沟通。根据欧洲职业培训发展中心的统计,全球有159个国家已经建立资历框架,约占联合国193个主权国家的四分之三,各国通过资历框架的级别标准和能力指标要求,将职业教育体系纳入终身教育体系,为劳动者通过正规学习、非正规学习和非正式学习所获得的技能得到认可建立了统一标准,各类职业技能学习成果在本国内以及区域联盟其他国家都可以得到认可,从而保障了人才的自由流动。目前,我国还没有建立起国家层面的资历框架,职业教育资历框架的建设还停留在政策的零星片语上，不利于职业教育在终身教育体系中发挥其应有的社会功能。为适应职业教育的纵深发展，我国应尽快制定相关法律，并积极探索建立国家层面的职业教育资历框架，构建职业教育终身学习体系。

四、深化产教融合，有机衔接产业链

人工智能时代的职业教育需要对产业具有极高的敏锐度和极强的反应力，以建立对接产业链和创新链的学科体系，培养社会各行业真正需要的高素质创新人才和技术技能型人才。我国现有职业教育体系的人才培养模式和学制基本固定，其灵活性和反应速度难以适应行业企业的现实需求。例如，职业院校开设的专业往往以三年为一个培养周期，人才培养方案和规格早在三年前就已制定，即使发现培养的人才无法适应社会需求，也不能对原有方案进行随意调整，就好比已经知道生产的"产品"是社会不需要或过时的，但因制度原因无法及时调整，只能眼睁睁地看着其既成事实。在人工智能时代，职业院校应深化产教融合，而教育链、人才链与产业链、创新链进行有机衔接的最好办法就是拓宽企业参与职业教育的途径，深化"引企入教"改革，企业要参与学校的专业规划、教材开发、教学设计等人才培养环节。职业院校还要以企业为主体积极推进协同创新和成果转化，进一步提升产教协同育人效果，并推动职业学校与企业联盟、与行业联合、与园区联结，在技术性、实践性较强的专业，全面推行现代学徒制和企业新型学徒制，推动学校招生与企业招工相衔接。

本章小结

智能时代的教育系统变革，对教育的组织模式、管理模式和人才培养模式都提出新的要求，职业教育服务于国家战略和社会经济发展，要

正视人工智能带来的挑战和机遇,积极转型发展,既要为人工智能而学,又要用人工智能来学,以培养出国际化的高技能型人才,为我国人工智能战略的推进和制造强国目标的实现做出应有的贡献。陶行知先生的生利主义的思想产生于积贫落后的旧中国,在他一系列教育改革的实践中逐渐成熟。他详细阐述了生利教育的目标、师资及课程等要求,对新时代的职业教育技能人才培养具有重要的现实意义。

参考文献

[1] 李爽,鲍婷婷,王双."互联网+教育"的学习空间观:联通与融合[J].电化教育研究,2020,41(2):25-31.

[2] 杨现民,骆娇娇,刘雅馨,等.数据驱动教学:大数据时代教学范式的新走向[J].电化教育研究,2017,38(12):13-20+26.

[3] 周洪宇.陶行知职业教育思想的历史地位与当代价值[J].职业技术教育,2021,42(34):1.

[4] 李强,吴国清.杜威实用主义教育思想及其现代启示[J].宁波教育学院学报,2021,23(3):93-96.

[5] 屠棠.教育改革视野中的山海工学团[J].生活教育,2012(22):12-16.

[6] 易彬彬.利群与乐业:陶行知职业教育思想的双重逻辑:读陶行知《生利主义之职业教育》[J].生活教育,2022(7):4-6.

[7] 同[6].

[8] 沈荣生.陶行知生利主义教育思想及其对我国高等职业教育的启示[D].芜湖:安徽师范大学,2018.

[9] 方明.陶行知全集:第1卷[M].成都:四川教育出版社,2009.

[10] 同[9].

[11] 同[9].

[12] 同[8].

[13] 同[9].

[14] 赵婧,周洪宇.论陶行知对职业教育的先驱性探索[J].职业技术教育,2021,42(34):12-18.

第三章 陶行知教育思想对技能教育课程的价值

【内容提要】

职业技能教育有广义和狭义两种理解,立足狭义的职业技能教育,重点关注国民教育体系下的高等职业教育的课程。高等职业教育的主要目标是培养应用型人才,职业教育的课程建设需要秉承联通与融合的价值取向,培养学生适应社会的应用能力、基于社群的联通能力和面向未来的终身学习能力。课程作为客体,需要满足社会和学习者个人两个层面的主体需求。陶行知先生重视技能和实践性知识、教学做合一、艺友制等教育思想,这些对高等职业教育的课程建设有重要的价值。

第一节
技能教育课程的价值取向

职业技能教育有广义和狭义两种理解。广义来说，职业技能教育是面向一切社会大众、以技能提升为主要目的的教育或培训，为个人赋权、促进生产和社会经济的可持续发展。国际上非常重视职业教育技能教育与培训，联合国教科文组织专门成立了国际技术和职业教育与培训中心（International Center for Technical and Vocational Education and Training，UNEVOC），旨在为所有人提供优质职业技术教育与培训，为全球可持续发展做出贡献，目前已经在全球140多个教科文组织的成员国中建立220多个中心，在不同的国家也纷纷建立起专门的职业技能教育或培训中心。我国在人力资源和社会保障部领导下建立有官方职业技能教育培训中心，承担起社会职业技能培训、职业技能等级认定等相关工作。狭义来说，职业技能教育主要是依托我国国民教育体系下的正式的职业教育，包含中等职业教育和高等职业教育。根据研究对象的可及性、研究内容的实践性和发展性的特点，本书重点关注高等职业教育中课程建设的现状、新要求及挑战，探求陶行知教育思想对我国高等职业教育中技能教育相关课程的建设的当代价值。

一、技能教育课程的定位
（一）课程建设是职业教育人才培养的基石

高等职业教育的人才培养是一个复杂的系统，系统内部包含专业、教学、课程、实习、实训等要素。课程的建设是嵌入在人才培养过程的关键要素，课程建设质量的好与坏，能够直接决定学生的学习成效，进而影响学生的毕业与择业情况，反映学校的人才培养质量。可以说，课程建设是高等职业院校实现办学宗旨的关键。

（二）课程建设是职业教育教学改革的抓手

课程的改革与建设是高等职业院校教学改革的重要抓手。随着互联网技术的发展，信息技术与教育教学深度融合，涌现出多种教学改革模式，如翻转课堂、混合式教学、虚拟实验实训等，不仅改变了传统的以"粉笔+PPT+实训"为主要形式的教学方式，更激发了学生的学习兴趣，促进学生能够在校内更好地习得理论性知识和一定的实践技能。

二、技能教育课程的价值取向

（一）价值取向的内涵

价值取向本质上是在主客关系基础上所产生的旨趣、旨意及指向[1]，价值取向具有社会规范、社会定向和社会驱动的功能[2]。课程价值取向是人们在一定价值观支配下对课程所进行的有意识开发和选择时表现的倾向性，这种倾向性即是对价值主体的利益观照，简而言之，课程的价值取向是关于课程目标、内容、教学法和教学评价的一组理念，这些理念将影响人们对课程的整体认识，对课程开发过程的各个环节，课程目标的确定、课程内容的选择、课程实施以及课程评价等都有着至关重要的作用[3]。

美国教育家艾斯纳（Eisner）等提出课程价值取向的五维度分类观，即学术理性取向、认知过程取向、社会重建取向、自我实现取向和技术取向[4]。美国课程专家麦克尼尔（McNeil）提出课程价值取向的四维度分类观，即人文取向、社会重建取向、技术取向和学术取向[5]。国内学者探讨了不同类别课程的价值取向，例如：杜建群等认为高校创新创业课程要坚持多元与统整的价值取向[6]；孙婧等通过对新中国70年以来我国7套人教版德育教科书的文本分析，发现初中德育课程由服务国家政治和经济建设的单一取向走向彰显学生个体发展的多元取向，由强调学生适应社会能力的单一目标走向注重学生引领社会发展能力的多元目标[7]；李义茹等分析并总结出了STEM课程的三个价值取向，分别是创新、整合和实践[8]。

综上，已有关于课程价值取向的研究主要围绕课程本身属性进行学理分析，结合社会发展、科技发展或基于本土化探索总结出结论，以满足国家、社会和个人不同主体的需求，课程的价值取向是对课程设计与开发的整体观照，受到政策和科技因素的影响。

（二）智能时代技能教育课程的价值取向

在智能化时代，高等职业教育的主要目标是培养应用型人才，职业教育的课程建设需要秉承联通与融合的价值取向。课程作为客体，需要满足社会和学习者个人两个层面的主体需求，体现其价值所在。

1. 个人层面的联通

个人层面的联通包括两个方面：第一，学习者与学习者之间的联通，社会关系的联结，形成知识流动的管道；第二，学习者与知识的联通，个人知识网络的扩大。在智能时代，学习和知识存在于多样性的观点之中，这些观点不仅来自课程创建者所创建课程时设计和组合的内容，还存在于学习者与内容互动过程中留下来的批注、评论等多种形式之中。职业教育的一些学习者，具有非常丰富的实习经历和工作经验，在认识世界和改造世界的过程中形成了极强的境域化知识，不同情境中如何操作的知识具有重要价值，是推动社会生产不断向前发展的动力。例如，一位有会计经历的"双师型"教师结合自己的工作经验形成了高效的做账技巧，对于职业学校的学生而言，这类操作性知识能帮助其快速地上手工作。因此，职业教育的课程要充分考虑学习者的经验与特点，形成开放联通的信息空间。在课程的学习过程中，让所有的学习者都有机会去反思、提炼和分享他们的经验，让不同的学习者能够在课程构建的社区中找到具有共同兴趣的同伴。有相似学习经历的人，彼此开展协作学习，组建学习社团，形成联通的社会网络关系。学习者有机会参与知识的生产，通过收藏、分享、编辑、评论等在线行为，贡献自己的经验与知识，对有价值的知识和信息深入思考，加深对知识的理解，形成自己的认识，在这个过程中促进新知识的生产、流动与进化。

2. 社会层面的联通

社会层面的联通强调建立多样化的社会关系，具体包括以下三个方面。

第一，课程的内容主动适应社会发展的需求，职业教育的课程建设要淡化以知识为主的"预设性"课程，面向社会需求，关注学习者的经验与已有技能，形成生成性课程。所谓的生成性课程，强调在教学过程中不断积累，将课程的讨论、分享，学生在学习过程中的思考观点进行整理，都作为课程的资源投入下一轮课程的建设与改革中。

第二，课程建设的主体可以来自全社会，行业企业的技术工作者、工匠等不同的社会人员都可以参与课程建设中，共同提供教育服务，让学习者在课程的学习过程中体会到工匠精神、劳动精神，同时能够更加落地实践，获得更加丰富的实践性知识与技能。此外，课程的学习者也可以成为课程的建设者，变革职业教育的资源服务模式和供给模式。

第三，课程的评价来自社会，邀请第三方机构开展课程建设质量评估，推进职业教育课程建设与社会的深度融合，而不仅仅是学校内部的教学质量评估。外部的课程质量评估能够更大程度激发老师进行课程的设计与改革，同时做出更新与迭代，与时俱进，培养真正满足社会发展需求的技能型人才。

第二节
技能教育课程的建设目标

高等职业教育课程要以能力培养为本位，主要包括三个方面的能力：适应社会的应用能力、基于社群的联通能力以及面向未来的终身学习能力。课程建设不是忽略知识或弱化知识本身的重要性，而是因为知识处于不断动态变化中，基于这些能力能够帮助学习者在复杂的网络环境中寻径和意会，更好地掌握知识，促进知识的生长，习得技能。技能教育课程建设的目标是培养学习者适应社会的应用能力、基于社群的联通能力和面向未来的终身学习能力。

一、适应社会的应用能力

我国各类高等教育机构所培养的人才类型可以被简单划分为学术型人才和应用型人才两大类。应用型人才具有若干显著的特征：知识结构的实用性、技术的可用性、职业的实践性以及劳动的创造性。高等职业院校的人才培养目标是应用型人才，这就要求课程建设目标定位在帮助个人获得适应社会的应用型技能，促进个人职业发展。缺少应用性职业能力的培养，就难以适应现代职场与学习者的要求[9]。

课程建设关注应用性能力的培养要求从注重知识导向转向注重实践导向，以实践为导向的在线课程在教育内容的组织上，需要从供给侧改革的需求出发，充分调研和了解市场对人才的需求，将市场的需求转化为综合能力和具体的专项能力；在课程结构上，依托虚拟现实技术、人工智能技术，强化实用、实践和实训类课程，鼓励学习者自主探究，合理安排课程的开设学期；在教学方式上，通过在线项目式学习、在线协作学习、在线集体调节学习等方式，提高协作解决问题的能力。

二、基于社群的联通能力

网络技术的进步不仅改变了人与人之间的生产、生活及学习的方式，也推动了社会组织形态的改变。互联网时代，在线课程不仅是知识的传播过程与载体，也进化为一种社区和网络，能够连接知识生产者和知识传播者[10]。社群化学习具有多点触发、移动化、碎片化、泛在性特征，是以连接的建立、群体智慧共享和知识生成为核心的开放学习[11]。对职业院校的学习者而言，社群化学习不仅能够增加学习者之间的连接，还能够解决因时空分离而产生的学习孤独感、倦怠感等情感问题，更能促进学习者理论与实践的联系。

职业教育的课程要注重培养学习者基于社群的联通能力，联通能力体现在个体能够主动地找到有价值的信息和管道，将学习变为主动的方式。传统观点认为职业院校的学习者自主学习能力和内在学习动机不足，导致在学习过程中会产生各类学习困难或者障碍，甚至可能中途辍学。但是当学习者发现对自己有用的、有价值的知识时，他们会投入更多时间和精力，深耕学习自己的专业知识，不断精进自己的实践技能。教师在日常通过设计多样化的学习活动，如小组讨论、实践探究等增强学习者之间的联系，提高学习者对社群的黏度。

三、面向未来的终身学习能力

学习一直是人类生存和发展不可或缺的部分，是生命的源泉，贯穿生命的始终，人类通过不断学习才能更好地认识世界和改造世界。随着人机协同时代的到来，一些脑力劳动和体力劳动正在被机器替代，面对复杂多变的学习情境、千变万化的社会生活和难以预料的未来，只有通过不断学习，我们才能加快自身知识更新，扩大认知的视角，多维度地审视问题并有效地解决问题，以更好地适应生存。职业教育的在线课程建设要面向未来，以终身学习思想为引领，关注学习者的终身学习素养和终身学习能力，将学会求知、学会做事、学会共处、学会做人融入在线课程的建设中。

三个目标是融会贯通的，三方面能力的培养在职业教育的课程中也是相互融通。对于学习者而言，通过职业课程的学习最直接的收获是可以获得适应社会的应用型技能，在职场上或者在原有的工作中，找到自己的位置，促进个人职业发展。同时，基于互联网的社群学习也是每个人生活中的一部分，具备了基于社群的联通能力，学习者能够便捷地获得更多境域化的知识。越来越多的社群在人们的生活中发挥重要作用，爱好运动的人可以在运动群里打卡和交流，妈妈们可以在育儿群里交流，新型职业农民如养鱼农民，可以在养殖群里交流……具备了基于社群的联通能力，就能够更好地生活。从面向未来的视角来看，当个体具有了终身学习的能力，就能更好地应对不确定的未来，更好地生活，为社会和国家的发展做出自己力所能及的贡献，实现陶行知先生所倡导的"生利"。

第三节
技能教育课程建设的挑战

职业教育课程内容必须有助于从业者获得直接的就业技能，为劳动者直接赋予职业资格[12]。当前高等职业教育课程建设中，面临诸多挑战，主要表现在以下几方面。

一、课程建设缺乏整体设计

课程的整体设计强调以课程的价值取向、目标等来统领某个专业的课程建设，达成人才培养目标。在实践中，高等职业院校的专业性课程建设，往往由不同的教师来承担，不同的老师依据自己的教学特长及个人偏好开展特长建设，经常出现各自为政的局面。加上近年来，不断推出的国家级、省级一流课程的建设，使得很多高等职业院校的课程建设呈现出"为评而建"的局面。有很多高等职业院校推出精品课程或者一流在线开放课程等，但整体而言，优质课程数量较少，且属于精心打造的"个别化"课程。课程建设亟待从建设的思想、理念、目标、策略以及使用的教材等方面，做出整体规划。

二、课程内容重知识轻技能

高等职业教育的课程体系中，除了实践性课程之外，大部分是在传统教室中开展教学，受到时空条件的限制。一方面，职业教育的课程内容设置与职场工作中技能需求的适配性不足，可能导致学生毕业后技能不足；另一方面，课程内容的及时更新与迭代不足，许多课程建设完成之后较长一段时间都未能更新。课程体系主要立足点是学校职业教育的界限，对现代化和新型工业、高阶的技能关注不足。

三、课程建设数字化不足

以互联网、人工智能为核心的信息技术的飞速发展，为职业教育的课程建设带来一定的挑战。数字技术的全面介入为具身化、灵活性、个性化的学习提供了强有力的工具支撑，随之要求职业教育课程做出及时调整，以刺激有意义学习的生成[13]。但实践中对于课程数字化建设一味追求内容的呈现方式、手段，忽视如何真正运用好课程，发挥学生的主体作用，虚拟仿真实验室、虚拟仿真软件等建设不足。值得注意的是，这也往往受到高等职业院校整体数字化转型建设发展现状的影响，也受到教师的数字化素养的影响。

第四节
陶行知课程建设的思想

陶行知先生一直关心、研究教育，在实践中不断深化对教育的认识，其许多教育思想都与教育中的课程建设有关，一些观点也集中反映其倡导的课程观。

一、高度重视技能

陶行知先生创办育才学校的时候，就明确了其办学宗旨是能力本位，要求学生在能力上有较大的提升，教学目标也是针对各项能力展开的，具体落实有 23 项常能，包含 16 种初级常能和 7 种高级常能。初级常能有两项值得关注：会管图书，包括编目、晒书、修补、陈列、借书等；会急救，包括医治小毛病、救溺、救触电、救煤气中毒等。7 种高级常能分别是：会开汽车、会打字、会速记、会接电线、会担任翻译、会临时演讲和会领导工作[14]。

二、教学做合一

陶行知先生特别重视教学做合一，他指出："教学做是一件事情，不是三件事。我们要在做上教，在做上学。在做上教的是先生，在做上学的是学生。从先生对学生的关系说，做便是教；从学生对老师的关系说，做便是学。先生拿做来教，才是真教；学生拿做来学，方为实学。不在做上下功夫，教固不能成为教，学也不能成为学"[15]。只有将教学做合一，才能在习得知识的同时，掌握相应的实践技能。陶行知创办的晓庄学校的教学是典型的教学改革实验——教学与生产、生活相结合，以活动为教学的中心。晓庄学校直接参与到平民教育中去，进行实地教学工作，摸索那个特殊时期的教学，学生作为师范生，他们的教学知识在自己的亲身教学的活动中获得，而老师的作用是对他们的"教学做"进行指导。

三、艺友制

20世纪20年代，陶行知先生提出了艺友制，他在《艺友制师范教育答客问》中作了如下解释：艺是艺术，也可作手艺解。友就是朋友。凡用朋友之道教人学做艺术或手艺便是艺友制[16]。艺友制最早缘起于学徒制，学徒制培训模式的特点是师傅通过"言传身教"的形式传经授艺，其基本的教学关系体现为：师傅在做中教，徒弟在做中学，融"教"和"学"于"做"之中，陶行知非常赞赏这种将知识和技能相结合进行教学，并把知识转化为技能的学习方式[17]。近代中国的教育十分落后，尤其是农村，发展教育迫切需要培养乡村教师，陶行知先生提出通过艺友制的形式，来培养乡村教师。艺友制的方式，在本质上打破了权威性，凡是有自己的技能或技艺的人，都可以成为"老师"，这个老师可以将自己的经验传递给他人，凸显出社会个人之间的广泛联通，在技能与技艺上去中心、去权威化。艺友制充分融入了师生共事、共学、共修养，是在劳力上劳心的陶行知生活教育新思想。艺友制的目标是实现"生利利群"，即要去培养具有生利品德的人。他在《晓庄幼稚教育》中系统阐述了艺友制的实施步骤，其核心的步骤是循序渐进，逐层发展，从传帮带走向指导、协商，最终达到独立实践的目标。

第五节
陶行知教育思想对技能教育课程建设的启示

在智能化时代，陶行知高度重视技能，强调教学做合一的方式，以及艺友制的方法，都对当代高等职业教育中的课程建设有重要的启示。职业教育课程联通与融合的价值取向实现需要多主体联动，全方位变革，理念变革是前提，转变课程建设模式是核心，创新技术下的学习设计是关键。

一、转变对学习者的认知：从被动者走向主动联通者

在智能化时代，学习不仅是知识的获得，更重要的是高水平的思考，即个人在学习的过程中不断地扩大和发展自己的知识网络。传统观点认为职业教育的学习者自主学习能力和内在学习动机不足，导致学习者在学习过程中容易因为各类学习障碍而中途辍学。近年来国家对技能人才的重视，使得职业教育的学习者的自主学习能力正在逐渐提高，当学习者发现对自己有价值的或者感兴趣的知识时，感知到掌握某项技能的重要性和价值性时，学习者会投入更多的时间和精力。学习者在课程学习过程中生成的内容，也是重要的知识，是学校教育体系中课程的积极贡献者。职业教育在线课程要重视学习者的经验，为学习者搭建脚手架，帮助个体主动找到有价值的信息和知识管道，将学习从被动转化为主动，增强学习者对课程这一联通学习空间的黏度，使之愿意投入更多的时间和精力，激发学习动力，更好地掌握技能。

二、变革课程开发模式：从预设性课程走向生成性课程

职业教育的在线课程要从预设性课程转变为生成性课程，探索基

于设计的课程开发模式。在知识经济时代，科技飞速发展，尤其是人工智能。人工智能是引领新一轮科技革命和产业变革的重要驱动力，正深刻地改变着人们的生产、生活和学习方式，推动人类社会迎来人机协同、跨界融合、共创分享的智能时代。职业教育的课程建设中要淡化强调以知识为主的"预设性"课程，鼓励"生成性"课程，由教师全面负责开发的课程转变为师生共同参与共同建设。专业的负责老师和课程的主讲教师在系统把握课程教学的整体目标下，提炼出课程知识"生长"的主干。重点关注课程学习活动的设计，教师通过创造开放的情境和问题，逐步地引导，调动学生的思考，使得学习者有机会结合自己的知识储备，提出有价值的观点。值得注意的是，生成性的资源丰富且大量，并不是所有生成的资源都是有价值的，需要教师对资源进行筛选和重新利用。基于课程内容的转变，建议采用基于设计的课程开发模式，在每一轮在线课程完成之后不断升级迭代，吸纳有价值的观点，形成新的学习资源，这也对高职教师的数字化素养提出了更高的要求，如此才能更好地开发课程并充分发挥课程的作用。

三、创新技术支持：从教学设计走向学习设计

教学设计一直是在线课程建设中的重要环节，但实践中人们往往把"教学设计"与"媒体选择""活动/过程设计"区分开来，也就是说，仅仅把"教学设计"看成"内容设计"，没有形成正确的系统化教学设计观[18]。智能化时代职业教育的课程要秉承联通与融合的价值取向，依托以互联网为核心的信息技术，创新设计理念，从教学设计转向学习设计。大数据、人工智能等技术的发展为职业教育在线课程的不断升级与优化提供了基础，基于学习者的学习数据，构建学习者画像，在更真实地了解学习者特点的基础上，动态地开展学习内容和学习活动设计，对繁杂的课程内容提炼知识图谱，为学习者规划学习路径，

推荐个性化的学习资源，并进一步开展个性化的教学评价，关注社群学习的参与贡献。在学习过程中，为了增进成人学习者之间的联通与交流，可以设计交流、协作的学习任务，构建学习共同体，使得学习者在一个开放的课程社区中，有机会分享自己的个人经验，把自己境域化的知识传递给其他人，在协作中获取他人的知识，将学习到的知识与自己的经验关联起来，加深对知识的理解。基于智能技术的学习设计不仅能满足大规模、个性化、灵活性的终身学习需求，还能促进职业教育在线教与学真正且有效地发生。此外，虚拟现实技术等能够更加有效地促进职业技能教育中的实验实训，促进有效学习的发生。

本章小结

人工智能技术的发展引人注目，智能时代的到来，为职业教育提供了无限机遇。以联通和融合为核心的职业教育课程价值取向，符合新时代社会发展需要，也符合人才成长的需要。职业教育首先从在线课程的价值取向上发生转变，逐步推进在线课程目标、内容、教学策略及评价的转变，建设特色鲜明、受学习者欢迎的课程。未来在人工智能技术的发展和推动下，职业教育的课程将会呈现出新的特点，还需要更深入的理论研究和实践探索。

参考文献

[1] 赵国辉.校本微课的价值取向研究[J].电化教育研究，2014，35（7）：103-107.

[2] 潘懋元.教育的基本规律及其相互关系[J].高等教育研究，1988（3）：6-12.

[3] 李森，李彬彬.高中教师课程价值取向的现状及发展[J].教育研究，2016，37（6）：89-96.

［4］Eisner E W, Vallance E.Conflicting conceptions of curriculum［M］. Berkeley, CA : McCutchan, 1974.

［5］McNeil J D.Curriculum : A comprehensive introduction［M］.New York : Harper Collins, 1996.

［6］杜建群,杜尚荣.大学生创新创业课程的价值取向与目标定位［J］.教育研究, 2018, 39（5）: 63-66.

［7］孙婧,张蕴甜.新中国70年德育课程价值取向的演变: 基于7套人教版初中德育教科书的文本分析［J］.教育研究与实验, 2019（6）: 57-63.

［8］李义茹,彭援援.STEAM课程的发展历程、价值取向与本土化建设［J］.现代教育技术, 2019, 29（9）: 115-120.

［9］潘云鹤.人工智能2.0与教育的发展［J］.中国远程教育, 2018（5）: 5-8.

［10］陈丽,逯行,郑勤华."互联网＋教育"的知识观: 知识回归与知识进化［J］.中国远程教育, 2019（7）: 10-18+92.

［11］Siemens G.Orientation : Sensemaking and wayfinding in complex distributed online information environments［D］.Aberdeen:University of Aberdeen, 2011.

［12］郭燕,李晓娟.与技能转型共生: 职业教育适应性发展的实践审视［J］.职业技术教育, 2023, 44（19）: 26-31.

［13］李晓娟,王屹.技能转型: 职业教育课程现代化的适应性发展旨趣［J］.中国职业技术教育, 2023（17）: 28-36+43.

［14］华中师范学院教育科学研究所.陶行知全集: 第4卷［M］.长沙: 湖南教育出版社, 1984.

［15］方明.陶行知全集: 第4卷［M］.成都: 四川教育出版社, 2009.

［16］方明.陶行知全集: 第2卷［M］.成都: 四川教育出版社, 2009.

［17］丁水娟,茅佳清.论陶行知的艺友制［J］.职业技术教育, 2021, 42（34）: 19-24.

［18］彭海蕾,韩世梅.学习分析视角下在线课程教学设计的反思: 以北京职业教育学前教育专业"3～6岁儿童学习与发展"课程为例［J］.电化教育研究, 2018, 39（5）: 53-59.

第四章 陶行知教育思想对『双师型』教师培养的价值

【内容提要】

建设高素质"双师型"教师队伍是加快推进职业教育现代化的基础性工作。"双师型"教师是具备技术技能素质及实践能力的专任教师或专兼职教师的统称。我国"双师型"教师队伍建设的起源可以追溯至20世纪90年代。党的十八大以来，国家出台了系列政策推动"双师型"教师队伍建设，政策的实施取得了较大成效，"双师型"教师数量比例提升、育人效果显著等，但在具体的实施过程中依然存在思想认知偏差、认知个体差异、制度体系不健全、操作管理方式固化、培养数量和质量不高、教师培养支持和保障缺乏等方面的问题。陶行知的教师"教人先教己"、教师"为教而学"、好教师与好教育、乡村教师本土化培养等教育思想对当代"双师型"教师培养有以下启示：第一，推行职业教育"双师型"教师培养行动理念，营造"双师"文化；第二，完善以激励教师自主成长为导向的"双师型"教师专业发展机制，提高专业化水平；第三，加大以产教融合为特征的技能教学资源供给力度，建立"双师型"教师平台；第四，细分"双师型"教师成长需求和健全后续发展政策，提升社会服务能力。

第一节
"双师型"教师的内涵与基本特征

中国式教育现代化离不开中国式教师教育现代化，教师是中国教育高质量现代化发展的第一资源。职业教育现代化是中国教育现代化的重要组成部分，建设高素质"双师型"教师队伍是加快推进职业教育现代化的基础性工作。2022年10月16日，中国共产党第二十次全国代表大会召开，习近平总书记代表第十九届中央委员会向大会作报告，在报告中提出"培养高素质教师队伍"。对职业教育而言，同时具备理论教学和实践教学能力的"双师型"教师队伍是评价高素质教师队伍的首要标准。党的十八大以来，党和国家出台系列政策，推动"双师型"教师队伍建设，推动职业院校采取校外引进、校内培养、定期轮训等多种形式扩大"双师型"教师队伍规模。《中华人民共和国国民经济和社会发展第十四个五年规划和2035年远景目标纲要》也提出了"建设高素质专业化教师队伍，建立高等学校、职业学校与行业企业联合培养'双师型'教师机制"。由此可见，加强"双师型"教师培养是我国重要的国家教育发展战略。纵观全球职业教育发展现状，建立完善的职业教育"双师型"教师培养体系是世界各国的重要教育发展举措。例如：美国构建了贯穿"双师型"教师职业生涯的成长体系，德国建立了校企结合的"双师型"教师培养渠道，英国形成了"三段融合""三方参与"的教师培养模式，澳大利亚建立了严格的职业教育教师准入条件与资格标准培训包[1]。与全球各国"双师型"教师培养现状比较而言，我国虽有本土化优势，但也存在"双师型"教师队伍来源单一、培养乏力、占比虚高、平台作用不明显、激励机制不健全、专业化水平偏低等问题[2]。陶行知的教师"教人先教己"、教师"为教而学"、好教师与好教育、乡村教师本土化培养等教育思想对当代"双师型"教师培养具有积极启示，为职业教育教师现代化培养提供了路径参考。

我国"双师型"教师培养是国家重要教育发展战略，其理念提出与发展蕴含于各项国家政策文件，同时也受到系统理论、激励理论、多源流理论等思想的影响，其本质是具备技术技能素质及实践能力的专任教师或专兼职教师的统称，并具有跨界融合特征。

一、政策逻辑：强调"双师型"教师队伍建设的重要性与标准化

从国家政策看，"双师型"教师队伍建设的起源可以追溯至20世纪90年代。早在1995年，"双师型"教师这一概念首次出现在国家教育政策中，加强"双师型"教师队伍建设成为重要的政策目标。2000年，教育部高教司在高职高专教育教学工作合格学校评价体系中，首次提出了"双师素质"教师具体认定标准。2010年，《国家中长期教育改革和发展规划纲要（2010—2020年）》提出要加强"双师型"教师队伍建设。2014年，《国务院关于加快发展现代职业教育的决定》提出"建设'双师型'教师队伍，推进高水平学校和大中型企业共建'双师型'教师培养培训基地"。2015年颁布《高等职业教育创新发展行动计划（2015—2018年）》，强调要进一步规范"双师型"教师资格任职标准，完善"双师型"教师资格认定标准。2018年，《中共中央 国务院关于全面深化新时代教师队伍建设改革的意见》提出，要"全面提高职业院校教师质量,建设一支高素质双师型的教师队伍"。2019年2月，《国家职业教育改革实施方案》提出，多措并举打造"双师型"教师队伍,实施职业院校教师素质提高计划，提出"到2022年，'双师型'教师（同时具备理论教学和实践教学能力的教师）占专业课教师总数超过一半，分专业建设一批国家级职业教育教师教学创新

团队。实施职业院校教师素质提高计划,建立100个'双师型'教师培养培训基地"[3]。2019年5月,首批全国职业院校"双师型"教师队伍建设典型案例遴选工作正式启动,这又是加强职业院校"双师型"教师队伍建设的一项重要举措,目的在于通过总结凝练各职业院校"双师型"教师队伍建设的经验、教训,遴选出一批在全国范围内具有积极示范和榜样作用的"双师型"教师队伍建设典型案例,供全国职业院校参考借鉴。2019年8月,教育部等四部门印发的《深化新时代职业教育"双师型"教师队伍建设改革实施方案》的通知中指出"要推动各地结合实际制定'双师型'教师认定标准",全国多个省市、地区、职业院校遵循国家要求,制定出了符合当地实际的"双师型"教师认定标准[4]。2019年教育部等部门接连颁布《关于公布首批全国职业教育教师企业实践基地的通知》《职业技术师范教育专业认证标准》,聚焦于"双师型"教师队伍建设的"难题"和"短板",打出政策"组合拳",为国家层面"双师型"教师培养带来了重要契机。2020年9月,教育部等九部门联合印发《职业教育提质培优行动计划(2020—2023年)》,提出到2023年专业教师中"双师型"教师占比超过50%的目标,这一目标的提出也加速了"双师型"教师认定工作的开展;同时,还提出实施职业教育"三教"改革攻坚行动,关键是提升"双师"素质。2021年印发《关于推动现代职业教育高质量发展的意见》,为高质量发展现代职业教育指明了方向,职业教育迎来了大有可为的政策红利期,很大程度上推动了"双师型"教师认定工作逐步进入政策议程。2021年8月,教育部、财政部联合印发《关于实施职业院校教师素质提高计划(2021—2025年)的通知》,这是自2011年以来的第三轮职业院校教师素质提高计划,该计划提出要"突出'双师型'教师个体成长和'双师型'教学团队建设相结合,兼顾公共基础课程教师队伍建设",并提出"努力造就一支师德高尚、技艺精湛、专兼结合、充满活力的高素质'双师型'教师队伍"的目标。2022年10月25日，教育部办公厅正式发布职业教育"双师型"教师认定标准和认定办法，旨在加快职业教育"双师型"教师队伍建设，建立健全职业教育教师标准体系。2022年12月，中共中央办公厅、国务院办公厅印发《关于深化现代职业教育体系建设改革的意见》，将加强"双师型"教师队伍建设作为重点工作[5]，提出"依托龙头企业和高水平高等学校建设一批国家级职业教育'双师型'教师培养培训基地，开发职业教育师资培养课程体系，开展定制化、个性化培养培训。实施职业学校教师学历提升行动，开展职业学校教师专业学位研究生定向培养。实施职业学校名师（名匠）名校长培养计划。设置灵活的用人机制，采取固定岗与流动岗相结合的方式，支持职业学校公开招聘行业企业业务骨干、优秀技术和管理人才任教；设立一批产业导师特聘岗，按规定聘请企业工程技术人员、高技能人才、管理人员、能工巧匠等，采取兼职任教、合作研究、参与项目等方式到校工作"。国家层面的政策从不同角度强调了"双师型"教师队伍建设的重要性，也体现了"双师型"教师队伍在职业教育高质量发展进程中的重要地位，为加强"双师型"教师队伍建设，打造高水平、高层次的技术技能人才培养队伍提供了保障，为经济社会发展和产业转型升级提供了智力和技能支撑。切实抓好新时代职业教育高水平"双师型"教师队伍建设，是响应国家号召、落实国家政策的关键举措，也是落实职业教育培养多样化人才、传承技术技能、促进就业创业重要职责使命的关键。

二、理论基础：教师职业生涯发展的多要素统一与进阶

"双师型"教师是个体在教育职业生涯过程中教育知识与技能提升的一种社会身份认同。基于教师职业生涯规划阶段理论和分层递进原则，教师的成长发展都需要经历由低到高、从新手到能手的动态过程。若将人的生涯划分为不同阶段，那每一个阶段所面临的工作任务、发展需要都是不同的，故应采用分层分类方法进行培养培训，以满足不同阶段教师的专业化发展需求[6]。而"双师型"教师培养的具体实施可以从系统理论、激励理论和多源流理论进行解构。

（一）系统理论："双师型"教师个体和教学团队的辩证统一

贝塔朗菲认为，任何系统都是一个有机的整体，系统中各要素不是孤立存在着，要素之间相互关联，构成一个不可分割的整体。对"双师型"教师培养而言，每个教师都是培养体系的要素，打造高水平、高层次的"双师型"教师团队，离不开教师个体素质的提升。一是处理好整体与部分之间的关系：将"双师型"教师个体成长和"双师型"教学团队建设相结合。高效的团队是基于共同的清晰目标而形成的一个协作系统，个体拥有一定的自由和自主权，通过激励个体成员充分施展技能和才干，产生积极的协同作用，使团队绩效大于个体绩效总和。探索组建高水平、结构化教师教学创新团队，使教师间形成良好互补，组成高水平、高层次的技术技能人才培养队伍。二是处理好部分与部分之间的关系：使专业教师培养与兼职教师培养形成有机整体。高职院校需要深化产教融合和校企合作，打造理论教学能力和实践教学能力相融合的结构化教学队伍。学校专任教师侧重于理论知识的传授，企业兼职教师侧重于实践技能的培养，企业教师将真实的项目及行业前沿技术带到学校，二者在分工合作中产生能量的耦合增长[7]。

（二）激励理论："双师型"教师保障机制与促进因素

激励理论中工作效率与员工的工作态度有直接关系，而工作态度受需求的满足程度和激励因素的影响。职业院校根据"双师型"教师需求设置的目标要能起到激励作用，调动教师的积极性，同时完善"双师型"教师激励保障机制。一是学校设立"双师型"教师发展专项资金，用于资助"双师型"教学团队开展教学研究和教学创新或者参加

"双师型"培养培训和企业顶岗实践。二是完善绩效工资改革实施方案，强调"双师型"教师岗位职责和工作要求，以岗定薪、按劳取酬，形成重实绩、重贡献的激励机制，优化绩效工资结构。三是改革职称评聘办法，健全以品德、能力、业绩为导向的职称制度体系，重视"双师型"教师要求，严格聘期管理与聘后考核，实行竞聘上岗，真正实现能上能下、岗变薪变[8]。

（三）多源流理论："双师型"教师培养的解释性框架

20世纪90年代，美国著名政策科学家金登在其著作中首次提出多源流理论，该理论主要解决的问题是如何在模糊状态下对政策制定的过程进行分析和解释。金登将政策议程建立视为一种随机、混沌的状态系统，政策的制定是复杂多变的，并形象提出政策制定过程中存在问题溪流、政策溪流和政治溪流三股源流。三股源流大多数时间并不会产生交集，但在政策共同体的极力推动以及外部环境的促成下，三股源流会在某一时刻实现结合，此时"政策之窗"被推开，由于"政策之窗"并不经常打开并且敞开的时间不长，政策企业家们只有把握时机，把某一主题牢牢固定在决策议程上，公共问题才有被推上议事正轨的机会。多源流理论的最大贡献是对政策制定过程进行开创性的解释，被视为公共政策研究领域的有效分析工具[9]。多源流理论自引入我国以来，研究视域被不断拓宽，针对教育领域中的职业教育、基础教育、高等教育等不同板块，均有学者运用多源流理论对政策的制定和变迁进行研究。可见多源流理论虽是舶来品，但被用在分析我国公共政策问题上却具有很高的契合度。同时，"双师型"教师培养是一个极其复杂的集合体，是社会问题、政策推动以及政治因素共同作用的结果，这与对多源流理论作用机制的描述分析具有相似性，故该理论对于"双师型"教师培养也具有较强的解释力，从问题源流、政策源流、政治源流入手，分析三源流交织嵌套，政策之窗开启终得耦合的特殊情境，有助于揭开"双师型"教师培养过程的"黑箱"，呈现出多主体参与"双师型"教师培养的全景图[10]。

三、本质内涵：工作实践经历与职业教育教学能力的跨界多元融合

"双师型"教师的表面含义是指既具备工作实践经历并获得相应职业资格证书或技术等级证书，同时又具备职业教育教学能力并获取教师专业技术职务资格证书，能够完成高等职业教育专业教师岗位工作任务的人员[11]。职业教育"双师型"教师职业是其对所承担的职业责任的主观认知，以及"双师型"教师对其职业活动的价值判断、职业定位和实践追求的综合性表达。随着我国现代职业教育建设的推进，"双师型"教师的内涵和外延也在不断拓展。综合而言，可以归纳为以下几种概念界定：第一，复合论。"双师型"教师被认为是几种证书、经验、能力的综合，包括"教师资格证"和"职业技能资格证"构成的"双师"，"实操经历与经验"+"实际教学经历与经验"构成的"双师"，"理论教学能力"+"专业实践教学能力"构成的"双师"。《深化新时代职业教育"双师型"教师队伍建设改革实施方案》中指出"双师型"教师要具有的能力包含教育教学能力和专业实践能力。因此，"双师型"教师是指在高职院校中能组织理论课教学和技能训练实践，具备理论教学能力和必要的实践技术技能，具有一类以上技术技能资质，联合行业企业协同完成人才培养任务的教师[12]。第二，融合论。理论界提出了职业性、学术性、师范性三性融合的职业教育"双师型"教师培养培训基本原则，其提法经历了从整体意义上的"双师型"教师队伍到"双证书""双素质"等的演变[13]，其核心在于素质与结构。一是个体的双师素质，与其相对应的是教师具备学科专业知识、实践操作技能，包括了基于专业学习经历的学科专业知识以及基于企业工作经历的实践技术技能；二是群体双师结构，指教师类型结构，包括

专任教师、兼职教师及其他来自行业企业的人员等。2020年，教育部等九部门印发的《职业教育提质培优行动计划（2020-2023年）》提出，畅通行业企业高层次技术技能人才从教渠道，推动企业工程技术人员、高技能人才与职业院校教师双向流动。这些政策要求明确了兼职、专任教师与行业企业专家构成的教师类型的双结构，体现了"双师型"教师的双元主体建构路径。第三，跨界论。跨界性是职业教育的本质属性，职业院校教与学的活动是跨界性实践载体。作为教学活动的主体之一，职业院校教师需要具备跨界的知识与能力，以适应教与学的跨界性诉求。作为跨界教育，高职院校教师的跨界性体现在专业教学与岗位实践两个方面，关键在于实践能力。这种实践能力通过技术技能的操作性知识体现出来。从理论层面来看，"双师型"教师需要具备基本的教育工作和实际职业工作的基本素质，是集教育者和企业员工于一体的复合型人才；具备胜任专业理论教学能力和指导专业实践能力，具备相应素质与素质应用能力[14]。

综上所述，高职院校"双师型"教师表明了高职院校教师的基本属性，是作为高职教师所具备的基本职业知识或能力，是区别于其他类型院校教师职业的基本特征。基于当前我国高职院校教师队伍发展的阶段特征，从其操作性内涵来看，"双师型"教师是具备技术技能素质及实践能力的专任教师或专兼职教师的统称，其实践形式为具有行业企业实践经验的专任教师，由行业企业人员、专任教师组成的专兼职教师队伍[15]。

四、价值意义："双师型"教师促进人才培养质量提升和产教融合深度

2022年，《中华人民共和国职业教育法》颁布实施，总则第一条开篇提出要推动职业教育高质量发展。职业教育"双师型"教师的专业发展是一个以产教融合为特征、政校行企等多元参与的系统[16]。打造高水平"双师型"教师队伍是推动职业教育高质量发展、实现职业教育类型化发展和改革的重要内容之一。职业教育"双师型"教师制度建设进程与质量直接影响着职业教育教师队伍的质量，关系着现代职业教育的治理水平，"双师型"教师的数量和质量也是职业院校评估考核的重要指标之一[17]。综合而言，"双师型"教师培养具有以下几方面的价值：

第一，"双师型"教师队伍建设有利于促进不同教师群体的职业能力。职业教育"双师型"教师队伍建设政策的实施可以从整体上推动教师教学素养的提升，有效促进高级职称"双师型"教师和青年"双师型"教师占比的提升，从"牵牛鼻子"视角引领和激发职业教育教师队伍能力进阶，提升职业教育教师的教学业务能力，开拓企业岗位技能认知，推动教学改革，提升教学成效。有研究表明，"双师型"教师队伍建设政策的实施效果在非省会城市高职院校更明显，特别是对高级职称"双师型"教师队伍的优化。公办高职院校实施"双师型"教师队伍建设政策的成效更显著，对青年"双师型"教师和高级职称"双师型"教师队伍优化的强化作用依然显著[18]。

第二，推动职业教育深化"三教"改革的重要抓手。"三教"改革是推动职业教育不断提高质量的关键，而教师则是推动"三教"改革的主体，尤其是"双师型"教师队伍建设，既是影响"三教"改革贯彻落实的重点，也是助推"三教"改革内涵发展的难点。"双师型"教师队伍质量决定了教育教学改革的整体步伐，唯有不断提升"双师型"教师的教学能力和实践能力——既要打好扎实的基础理论基本功，又要校企联合提升实践能力，才能回答好职业教育"谁来教""教什么""如何教"这三个核心问题，夯实高等职业教育可持续发展、高质量发展的基础。

第三，提升技术技能人才培养供给质量。教师在学生知识的增长、创造力的培养、人格的塑造中发挥着重要作用，是人才培养的核心要素。随着经济社会发展，我国产业不断转型升级迈向高端，产业一线高素质、高层次技术技能人才的需求更加旺盛。"双师型"教师是培养高素质技术技能人才的关键，能够有效解决"高素质技术技能人才培养供给迫切"这一难题。培养大批高端技术技能人才首先要打造一支适应高质量发展需求的"双师型"教师队伍。

第四，助推校企深度融合的有效路径。在校企合作的视域下，打通"双师型"教师培养渠道，是校企深度融合的有效途径。兼备深厚的专业理论知识和卓越的专业实践能力，既是现如今对"双师型"教师的共同要求，也是"双师型"教师应有的共同表征。为了培育更多高素质技术技能人才、加快专业技术创新，校企双方必须实施定期校企交流与企业实践制度，共同建立起一支以优势互补、勇于创新、科学管理为特色的"双师型"教师队伍。在此过程中，"双师型"教师队伍的建构有效连接了学校与企业。一方面，企业协助职业院校培养了卓越专业实践能力的"双师型"教师；另一方面，职业院校也为企业提供了具有专业理论知识的"双师型"教师。校企在合作之中不断增进文化、技术与教学工作的交流，实现了互利共赢[19]。

第二节
"双师型"教师培养的现实问题

尽管目前"双师型"教师队伍建设政策的实施取得了较大成效，"双师型"教师数量比例提升、育人效果显著等，但在具体的实施过程中也暴露出思想认知偏差、认知的个体差异性、制度体系不健全、操作管理方式固化、培养数量和质量均不高、教师培养支持和保障缺乏等方面的问题。综合而言,"双师型"教师培养存在以下问题。

一、职业教育"双师型"教师培养制度价值理念共识不足

理念认知和认同是推动"双师型"教师培养的基础,目前依然存在"双师型"教师培养所秉持的价值理念无法促进甚至阻碍"双师型"教师的专业发展现象,体现在"重规范本身,轻教师发展"。当前,在"双师型"教师培养制度规范观的导向下,职业教育"双师型"教师制度更多参照普通高中教育教师或者普通高等教育教师的制度体系,弱化甚至漠视了职业教育"双师型"教师的职业特色。如重理论、轻实践的培养制度;重学术、轻应用的评价制度;重管理效率、轻专业发展的培养制度等,都不利于职业教育"双师型"教师的职业发展。从本质上来看,这是将"规范"作为"双师型"教师制度建设的终极意义而产生的问题,忽略"双师型"教师从事职业活动的具体内容。事实上,各级各类教育系统的教师发展规律、职业定位及其功能作用都有所不同,在充分尊重不同类型、不同层次教育系统中教师职业内容的基础上建构管理体制机制将成为必然。正是因为缺少异质性、包容性与发展性的"双师型"教师培养制度价值理念,才导致职业教育专业实践教师制度在入职资格体系、职称评价、管理机制等方方面面都表现出与普通教育系统教师制度的同质化。

二、职业教育"双师型"教师评价标准缺乏顶层设计

由于国家层面权威、统一的"双师型"教师认定办法迟迟未能出台,在一定程度上增加了各地区开展"双师型"教师认定工作的难度。单从统计数据来看,我国目前"双师型"教师数量已经达到国家要求,

但实际情况是各省市、各地区以及各职业院校的"双师型"教师认定标准均不尽相同，认定的尺度也不一致，这就导致虽同为"双师型"教师，但也存在不同省市、地区之间"双师型"教师水平、素质不一的情况，这不利于规范"双师型"教师的认定工作，进而对职业教育的长足发展产生影响。各省市、各职业学校"双师型"教师认定标准的制定，为各地"双师型"教师队伍建设起到了一定的支持和保障作用，同时也为国家层面及其他地区"双师型"教师认定标准的探索与研制提供了参考样本和政策借鉴。但是由于缺少国家层面"双师型"教师认定标准的顶层设计、指导，认定标准的制定导向不清晰、标准不统一，致使各省市、各职业院校在制定和实施认定标准的过程中存在较大差异，暴露出了"认定条件缺乏科学合理性""认定过程缺乏规范性""认定结果缺乏有效性""部分地区认定标准门槛过低"等一系列问题，各地的"双师型"教师能力素质也是参差不齐，这不仅延缓了我国对于"双师型"教师队伍建设的整体规划进程，也挫败了"双师型"教师对于自身职业的认同感和满意度。因此，亟需国家层面颁布权威性的"双师型"教师认定标准，对"双师型"教师认定工作进行有效规范和约束，从而实现认定工作的标准化、常态化与全面化[20]。

三、"低层次"办学文化阻碍了高职"双师型"教师的文化自觉

虽然国家层面明确了职业教育与普通教育具有同等重要地位的"类型定位"，但在实践过程中，高等职业教育依然没有摆脱"次等教育"的文化环境。从职业教育外部系统来看，社会大众对职业教育"层次定位"的观念并没有改变，职、普分流在机制层面的"病"还很多，例如，职、普教育"双轨制"和"纵向贯通、横向融通"的机制并未有效运行，一线、基层技术技能人才的待遇和发展并不乐观，高等职业教育招生依然按照分数划分。从职业教育内部系统来看，高职院校

校园文化建设滞后，存在产教融合与校企合作的文化氛围不足、"双师型"教师技术技能与知识文化的相容性不够、缺乏追求卓越的质量文化等问题。高职"双师型"教师的角色定位、社会地位、社会支持、薪酬待遇等并没有实现"类型定位"上的改变，高职"双师型"教师缺乏向外界表达自身专业发展境遇的话语，依然存在专业身份的认同危机，这些都制约高职"双师型"教师专业发展的潜力。职业教育作为"低层次"教育的办学文化、高职"双师型"教师作为"片面人"的"双师"文化依然存在，高职"双师型"教师依然是"外赋身份""被动应试""焦虑模仿"的现状没有改变，这样不利于高职"双师型"教师主动性和创新性的培养，制约了高职"双师型"教师队伍的专业化发展。而"片面化"的"双师"文化，对待高职"双师型"教师侧重"技术"而忽略了"人本"价值，制约了高职"双师型"教师的文化归属[21]。

四、职业教育"双师型"教师培养机制不健全制约持续发展动力

"双师型"教师专业发展体现为一个连续的过程，既需要准入标准的规范与约束，也体现为一个持续提升的保障机制，这样才能适应高职院校教学对象、教学内容及外部环境的不断变化。在"双高"计划建设意见中，对"双高计划"高职院校的教师专业发展提出了"建立健全教师职前培养、入职培训和在职研修体系，建设教师发展中心，提升教师教学和科研能力，促进教师职业发展"。目前，部分学校已经针对教师专业发展成立了专门的组织机构，并开展以教师专业教学能力提升、教师职业发展为主要内容的教师发展体系。但是从现实来看，高职院校的教师专业发展依然处于自发阶段，其活动边界的不清晰使得其专业化程度依然比较低。教师专业发展尚未成为高职院校教师培养培训的内容之一，通常被"培训替代"[22]。具体而言，存在以下机制问题：第一，缺乏保障机制。从职业教育"双师型"教师制度的激励机制来看,存在着政策式鼓励为主、物质资金支持难以落实、职称编制难以解决的现实问题。这在一定程度上影响能工巧匠、技术技能人才加入职业教育教师队伍的积极性。第二,职业教育"双师型"教师制度合作机制不顺畅。由于职业教育"双师型"教师职业活动具有跨界性与融合性的特征,其职业发展过程涉及很多利益相关主体,如企业行业、职业技术师范院校、职业技术学院(学校)。单靠某一主体的支持与认可,难以使职业教育"双师型"教师制度体系顺利运行。不同的利益主体因自身利益出发点的不同,对参与职业教育"双师型"教师制度的实施与运行持有各自的逻辑与态度,导致职业教育"双师型"教师制度运行的合作机制并不畅通,效果欠佳。第三,职业教育"双师型"教师制度的监督机制不完善。在当前职业教育"双师型"教师制度评价体系中,政府及相关教育管理部门既是制度的制定者,又是制度的评价者,这种既是"运动员"又是"裁判员"的双重身份不利于对"双师型"教师制度进行客观、公正的评价[23]。

五、职业教育"双师型"教师培养资源供给存在困境

资源供给是职业教育"双师型"教师培养的重要保障。目前,职业教育"双师型"教师培养经费投入的不足,限制了高职"双师型"教师实践教学能力的提升。有研究显示,"2020年,高职专科经费投入只占普通高等教育的19.7%,而职业教育办学成本是普通教育的3倍左右"[24],这就造成高职院校难以有足够的经费投入以产教融合为特征的教学资源的建设之中。高职院校缺乏基于真实的教育教学情境、专业实践情境与企业岗位场景等教学资源的供给,缺乏符合行业企业发展的技术技能教学场地、设备及仪器的支持,直接限制了高职"双师型"教师实践教学能力、技能指导能力、专业实践能力的提升。此外,产教融合的不足,妨碍了高职"双师型"教师专业实践能力的培

养。当前,产教融合共育高职"双师型"教师处于乏力状态,缺乏产教融合平台,妨碍了高职"双师型"教师专业实践能力的培养。有研究显示,67.1%的教师和62.16%的管理人员认为校企共建的产业学院、实践基地、实训基地、实践流动站、技能大师工作室等存在制度不健全的问题,产教融合基地建设数量不足、质量不高、支持力度不足[25]。没有以产教融合为特征的资源赋能,高职"双师型"教师的专业发展将难以满足社会对其角色的期望[26]。

六、"双师型"教师供给存在结构性矛盾与供给能力薄弱的问题

近年来,我国职业教育教师队伍建设持续推进,教师队伍数量稳步提升,"双师型"教师队伍建设取得了一定成就。但是,"双师型"教师队伍还不能完全适应深化教育教学改革的办学要求,队伍建设还存在结构优化空间。一是教师来源单一。多样的"双师型"教师来源,对完善高职院校"双师型"教师队伍结构、建立学校与市场联系、提升高职学生操作创新能力至关重要。然而,就目前"双师型"教师的来源看,由于我国高职院校教师大部分来自高校应届毕业生,少部分从企事业单位调入,外聘兼职教师比例偏低,企业兼职教师参与教学的人数不足[27]。二是年龄结构需求矛盾。年轻教师缺方向,目标任务"单一",尽管年轻教师有学习热情,精力旺盛,但往往也只是应付"双师型"教师教学实践的考核任务,在实践锻炼的企业选择上比较随意,下企业锻炼学习大多流于形式,远远达不到"双师型"教师实践教学能力培养的预期目标。中年教师缺动力,不能形成"闭环",由于缺乏物质奖励和激励措施,以及个人知识面、专业技能水平、团队支撑等问题,中年教师下企业实践锻炼持续性不足,无法形成项目实践闭环。而大龄教师缺平台,价值未充分"挖掘",由于缺少与青年教师一起去企业开展实践锻炼的机会,在指导青年教师开展实践和培养年轻教师方面参与不足,并缺少接触新产品、新工艺、新技术的平台和机制,教学内容更新慢,导致大龄教师存在"单打独斗"现象,其价值并未得到充分开发[28]。三是"双师型"教师培养培训体系有待完善。随着职业教育改革不断深入,"双师型"教师培养培训体系也逐步建立,但依然存在一些问题,需要不断改进与完善。例如,企业参与教师培养积极性不高,校企合作流于表面,实施深度不够,教师实践经验、实践技能仍有待提升。而教师下企业实践制度未得到有效落实,教师企业实践时间不够充分,多数高职院校的教师企业实践时间不足30天[29]。同时,还存在教师企业实践目的不明确、参与企业培训实践事务性居多,难以涉足企业的关键领域、关键技术,导致难以提升其实践技术技能水平。

第三节
陶行知乡村教育和教师教育思想

职业教育"双师型"教师培养强调教师的持续综合能力提升,聚焦教师教学素养与实践能力的统一,强调职业教育与行业企业岗位和生产生活实践的密切联系。陶行知的教师教育思想内涵丰富,与职业教育"双师型"教师培养相关的教育思想包括以下几个方面:

一、陶行知乡村教师本土化培养思想

民国中期,陶行知在参与"平民教育运动"、1921年孟禄中国教育调研以及中华教育改进社等调研后,深感旧师范学校之离农化以及服务乡村师资之匮乏,于是呼吁创办建在乡间并专门培养改造乡村师

资的新式师范学校，并在中华教育改进社支持下创办了晓庄师范学校，在长期行动研究中形成了具有中国特色的乡村教师本土化培养思想。他提出"以乡村教育需求为人才培养导向"，其首要内涵是以乡村教育需求的人才为培养导向，师资培养需考量学制需求以及师范教育本体需求，而考量学制需求即乡村教育需求什么人才就培养什么人才，由此决定了乡村师范教育要以乡村教育需求的人才为培养目标，而不仅限于培养普通教师。此外，陶行知认为乡村教师类型具有学校等级、地区及学科的差异，因此师范教育培养目标的制定需要考量乡村人才的差异化需求，以实现本土化师资培养的功效。以乡村教育需求人才的培养导向的思想主要体现在以下三个方面：第一，研判动态化的师资培养需求。第二，确立多样态的师资培养类型。第三，构建多元化的师资培养结构。由此，乡村师范教育培养始终追随着乡村社会的发展需求，从而避免了师资供需的隔离和错搭，并化解了乡村师资"不合用"的供需结构性难题[30]。

二、陶行知教师的"教人先教己"思想

陶行知提出生命是完整的，也是平等的。完整的生命是手脑共同发展的，是生物与精神的平衡，完整的生命也是身体与学问的平衡。"完整生命"的教育需要教师"为教而学"，过什么生活就受什么教育。教育的内容和学习的过程既可以来源于书本，由书本而教育；也可以来源于社会现实，由现实而来的教育。教育就是在现实中，浸入现实生活的过程。学生如此，教师亦是如此。陶行知指出，教师是一个"整个的人"，是一个"健全的生命体"，具有独立的思想和职业、良好的道德品质和饱满的精神，教师对学生生命的教育和影响体现在知行合一的行动之中[31]。

三、陶行知的"好教师与好教育"的教育理念

陶行知提出的"好教师"是具有科学的教育价值观与兼备真善美人格的统一的教师,他明确指出,要使学校从旧的"学而优则仕"教育观念中解放出来,转变为适应时代的公民素质需要和人的发展要求的"活教育",这离不开有着强烈的专业信念并能将真善美和谐统一起来开展教育的教师。为此,他就好教师应具有的教育信念、教育环境创设、教育方法等方面进行了有益的探索,在其毕生的教育著述和实践中做了科学的回答。他认为好教师应该采用如下的教育方式:第一,用科学的教育培养学生求真的精神。"教学做合一"是陶行知先生注重对学生创造力和动手动脑能力的培养而提出来的,体现了他倡导的"求真"精神。第二,以"教人者教己"的高尚人格塑造学生的真实善良的品行与人格。陶行知深刻意识到,教育活动是以人教人、以人影响人的活动。教师在培养学生求真精神的基础上,要引导学生"学做真人"。而要做好这一点,教师必须以身作则、率先垂范。第三,用具体、亲切、可感的艺术教育美去感染、启迪、熏陶学生的审美情感与情趣。陶行知认为,唱歌、画画、跳舞、读诗都具有鲜明的思想性。陶行知先生所阐述的"好教师"的理念,是基于培养公民素质这样一个事实而形成的。他认为要办好教育,关键是要有好的教师,因此,他说:"教师得人,则学校活,学校活,则社会活。"[32]

陶行知的教师教育思想强调了教师本身的重要性,并对教师的发展提出了严格的要求,认为好教师才是好教育,鼓励教师"先教己再育人",深入实践提升自我,教学做合一,培养国家需要的人才。

第四节
陶行知教育思想对"双师型"教师培养的启示

陶行知教师教育思想对当代职业教育"双师型"教师培养具有以下启示。

一、推行职业教育"双师型"教师培养行动理念，营造"双师"文化

行动理念是"双师型"教师培养的指导思想，从规范取向下的制度行动理念向发展取向转变，承认职业教育"双师型"教师培养制度是历史变化之物，具有动态发展特性，以发展的眼光看待职业教育"双师型"教师制度体系，坚持"双师型"教师制度建设发展取向，避免以一种同质的、万能的制度形态来解决所有类型教师的发展问题。厘清职业教育"双师型"教师培养制度的根本目标是"促进教师发展"，包括"'双师型'教师的发展"与"职业院校学生的发展"，将职业教育"双师型"教师存在的"个人意义"与"他人意义"有机结合，促进教师的发展与学生的成长相统一。营造"双师"文化，创建以维系文化自觉为核心的职业教育文化，提升文化自觉。一是国家层面应创建支持职业教育类型定位的办学文化。针对当前高职院校类型定位办学文化建设的不足，国家层面需要加大创建支撑职业教育类型定位办学文化的力度，包括价值文化、物质文化、机制文化和行为文化等维度，引导各级各类教育机构、组织等对职业教育树立"类定位""同等重要"的观念，以探索建设职业教育博物馆、职业体验馆等方式来促进职业教育文化传播，推广建设技能型社会的理念，形成尊重职业教育办学规律的共识。二是高职院校层面应建设"全人"的"双师"文化。让

高职"双师型"教师在教育信念上尊重技术技能，在教育态度上深入企业实践，在教育行为上以行动导向传递技术技能，要让高职"双师型"教师富有教育情怀、身心健全发展，彰显其"文化人""社会人"属性的群体文化。构建以产教融合为特征、多元文化相融合的校园文化环境，基于类型定位的办学文化，建设具有产教融合特征的校园文化，将企业文化、职业文化、教学文化有机相融，通过产教结合，推动和促进"双师型"教师专业发展水平的快速提升[33]。高职院校可以根据学校发展战略、专业群建设需求、"双师型"教师的专业发展需求，分类创建教学创新团队、校企混编教学团队、课程思政教学团队、教学竞赛团队。

二、完善以激励教师自主成长为导向的"双师型"教师专业发展机制，提高专业化水平

高职"双师型"教师专业发展机制是保障高职"双师型"教师专业发展的所有制度的总和。高职"双师型"教师专业发展机制的调适要发挥机制在激发高职"双师型"教师自主成长中的导向作用，用分类多元、逐级引导的管理与发展机制，激发高职"双师型"教师主动提升专业素养的动力，从而降低机制"筛选"带来的负面影响。一是探索分级认定的高职"双师型"教师建设路径。逐级认定机制是根据高职"双师型"教师专业发展的周期及规律，将高职"双师型"教师资格划分为"准入资格""初级资格""中级资格""高级资格"等分层次的级别，各级别之间形成专业技术水平上的递进关系。在实施路径方面，国家层面应自上而下地下放高职院校的办学自主权，探索具备推广性的高职"双师型"教师分级认定标准。以标准为引领，明确高职"双师型"教师的准入资格、发展方向、专业目标、培养模式，避免高职"双师型"教师低标准准入、学理化发展倾向等类型特征不

鲜明的弊端。二是建立分层递进的高职"双师型"教师培训体系。发挥培训机制在高职"双师型"教师专业发展中的导向作用尤为重要，通过培训引导高职"双师型"教师逐级发展和提升，让高职"双师型"教师树立终身发展的意识，不断更新教学理念、专业技术、专业服务；通过培训满足不同发展阶段高职"双师型"教师共性和个性化的培训需求，从而实现教师的全面发展。三是构建分类多元的高职"双师型"教师评价制度。发挥评价的"指挥棒"作用是实施高职"双师型"教师评价制度调适的基本思路。根据高职"双师型"教师个体专业发展的不同需求、专业发展的阶段性特征，构建分类型、分级别的多元主体参与的评价体系。四是完善社会机构参与高职"双师型"教师评价的制度保障。此举可为引进第三方职教师资质量评价机构奠定基础，不断完善高职"双师型"教师评价标准体系，提高高职"双师型"教师队伍专业化水平。

三、加大以产教融合为特征的技能教学资源供给力度，建立"双师型"教师平台

一是国家层面应坚持职业教育类型定位、同等重要的战略定力，持续加大对职业教育的支持力度。二是政府部门需要加强职业教育高质量办学投入的相关研究，加强职业教育实际办学情况的现场调研，教育部、财政部等多部门应协同组成职业教育高质量办学投入调研小组，按照高质量发展职业教育的办学规律，科学测算出高职高质量办学的理论成本、高职实际的教育经费投入，将两者进行对比得出差额，进而为政府完善职业教育财政性经费投入政策提供基础性依据。同时，加强政府对高职教育投入的倾斜力度，强化各级政府对高职教育经费投入的主体责任，明确各级政府对高职教育经费投入占本地GDP的比例，将高质量办好职业教育纳入地方政府的业绩考核。三是政府部

门通过完善政策和制度的形式鼓励社会力量兴办职业教育，明确社会资本进入职业教育的宗旨、条件、管理等，规范多主体的职业教育办学管理，为职业教育健康发展打下基础。可以加快出台支持社会资源办学的相关法律，规范社会力量通过捐赠、出资、投资、合作等形式参与高职教育的办学；以部分"双高计划"建设单位为案例，引导学校深化产教融合、"引企入教"改革，引导学校按照市场导向、合作共赢的原则，吸引社会力量参与职业教育集团建设。四是建立健全符合高职"双师型"教师专业需求的资源平台。国家应按照高职"双师型"教师专业发展的规律，推动产教融合赋能高职"双师型"教师的专业发展，联动省级政府加大力度建设校企合作的"双师型"教师培养培训基地和国家级企业实践基地，发挥企业在培养高职"双师型"教师过程中的技术、设备、场地等资源优势。推进国家级"双师型"名师工作室和国家级教师技艺技能传承创新平台建设，为高职"双师型"教师专业发展在培训进修、技术攻关、科研教研、教材资源开发等方面提供支撑和服务。引导这些平台围绕"双师型"名教师的教育理念和教育思想，以"双师型"教师为培养对象，以"师带徒"为主要培养形式，助推"双师型"教师专业成长。

四、细分"双师型"教师成长需求和健全后续发展政策，提升社会服务能力

一是对于入职期的教师，由于其刚入职不久，需要尽快实现角色转换，将在高校里学习的专业理论知识应用于课堂教学，掌握教学基本技能。新入职教师通常是从教授基础知识课程开始，此阶段，需要特别加强对新手教师教育教学理论和实践知识的培养，在掌握教学方法后，再进行专业实践能力的培养。二是对于稳定期的教师，其进入这个阶段后更注重个人事业的发展，既需要专业实践技能的提高，也需要通过理论知识来总结提炼实践经验。培养顺序一般为：专业实践技能知识、学科专业理论知识、教育教学理论和实践知识、工具性知识。三是对于成熟期的教师，其进入这个阶段一般已经取得副高级及以上职称，成为学校发展的骨干力量，重点需要培育的是学科专业领域的前沿理论和最新的专业实践技能。四是改革高职院校教师招聘制度，引进企业一线技术人员。严格执行"3年以上企业工作经历"的招聘标准；在实际招聘过程中，要通过加入专业技能测试等模块，加强对应聘者专业实践能力的考核；要健全"固定岗＋流动岗"的教师管理制度，对高层次、高技术技能人才要设立"绿色通道"，可以按照项目制、协议制支付薪酬，体现技术价值[34]。五是改革职业院校教师工资分配制度，突出"双师型"教师在教育教学、校企合作、服务社会等方面的贡献，改变现行"论数量不论质量"的工作量计算方法，树立良好的导向；在项目申报、团队建设上向"双师型"教师倾斜，鼓励"双师型"教师"抱团发展"，更好发挥"双师型"教师队伍的示范引领作用；通过建设"双师型"教师名师工作室、"双师型"教师技术服务中心等，充分发挥"双师型"服务社会的作用。

本章小结

"双师型"教师队伍建设是推进职业教育现代化的基础，随着国家政策的持续出台和理论认识与实践探索的深化，"双师型"教师培养的内涵具有复合性、融合性和跨界性特征，"双师型"教师融合了职业性、学术性和师范性，群体结构包括专任教师、兼职教师及其他来自行业企业的人员等，是职业院校教与学活动的跨界性实践载体。"双师型"教师队伍建设有利于促进不同教师群体的职业能力，推动职业教育深化"三教"改革，提升技术技能人才培养供给质量，助推校企深度融合。

但"双师型"教师培养存在职业教育"双师型"教师培养制度价值理念失落的问题，职业教育"双师型"教师评价标准缺乏顶层设计，"低层次"办学文化阻碍了高职"双师型"教师的文化自觉，职业教育"双师型"教师培养机制不健全制约了持续发展动力，职业教育"双师型"教师培养资源供给存在困境，"双师型"教师供给存在结构性矛盾与供给能力薄弱等问题。陶行知乡村教师本土化培养思想、"教人先教己"思想、"好教师与好教育"等教育理念强调了教师本身的重要性，鼓励教师严格要求自我，持续深入实践提升，教学做合一，培养国家需要的人才，对当代职业教育"双师型"教师培养具有重要启示。但"双师型"教师培养是一个系统和长期工程，面对国际国内社会变革大局和产业经济升级，其理论研究和实践探索依然任重道远。

参考文献

[1] 徐芳，陶宇.欧美职教"双师型"教师培养的成效、经验及启示[J].教育与职业，2021（9）：68-75.

[2] 曹强.西部高职院校"双师型"教师培养的问题与路径[J].教育与职业，2021（10）：82-85.

[3] 国务院.国家职业教育改革实施方案[EB/OL].（2019-02-13）[2019-03-06].http：//www.gov.cn/zhengce/content/2019-02/13/content_5365341.htm.

[4] 教育部，国家发展改革委，财政部，等.四部门关于印发《深化新时代职业教育"双师型"教师队伍建设改革实施方案》的通知[EB/OL].（2019-10-17）[2023-07-09].http：//www.moe.gov.cn/srcsite/A10/s7034/201910/t20191016_403867.htm.

[5] 中共中央办公厅 国务院办公厅.关于深化现代职业教育体系建设改革的意见[EB/OL].（2022-12-21）[2023-06-28].http：//www.gov.cn/zhengce/2022-12/21/content_5732986.htm.

[6] 马舒宁，李莉.几种职业生涯规划理论的比较研究[J].新课程研究（中旬刊），2017（4）：4-8.

［7］刘英霞，亓俊忠，丁文利.系统论视角下高职学校高水平专业群组建逻辑与成效探析［J］.职业技术教育，2020，41（14）：25-29.

［8］侯荣增.高职院校"双师型"教师立体化培养体系构建与探索［J］.教育与职业，2022（6）：76-79.

［9］罗红艳，吴丹.高校教师离岗创业的政策变迁过程：一个多源流的解释性框架［J］.河南师范大学学报（哲学社会科学版），2022，49（4）：30-36.

［10］吴会会.动态嵌套的"三流耦合"：《乡村教师支持计划（2015-2020年）》制定过程透视［J］.教师教育研究，2018，30（4）：24-29+49.

［11］李晓东.基于岗位能力视角的高职"双师型"教师认定标准及培养路径研究［J］.现代教育管理，2019（8）：76-81.

［12］刘源，门保全.核心能力视角下高职院校"双师型"教师培养路径研究：基于"圆锥式六维一体"能力模型［J］.职教论坛，2021，37（7）：95-101.

［13］和震，刘云波，魏明，等.中国教育改革开放40年：职业教育卷［M］.北京：北京师范大学出版社，2019：349.

［14］肖凤翔，张弛."双师型"教师的内涵解读［J］.中国职业技术教育，2012（15）：69-74.

［15］孔巧丽，刘志文.高质量发展背景下高职院校"双师型"教师队伍建设困境与对策［J］.职业技术教育，2023，44（7）：39-45.

［16］钟斌，唐小鹏，李飞星.高职"双师型"教师"依附式"发展的理论解读、问题指向与调适策略［J］.成人教育，2023，43（6）：66-72.

［17］教育部，财政部.关于实施中国特色高水平高职学校和专业建设计划的意见［EB/OL］.（2019-04-01）［2023-07-10］.http：//www.moe.gov.cn/srcsite/A07/moe_737/s3876_qt/201904/t20190402_376471.html.

［18］杨涵深.江西省高职院校"双师型"教师队伍建设政策的实施成效研究：基于多期双重差分模型［J］.中国人民大学教育学刊，2023（2）：103-130.

［19］李红，姜欣彤，任锁平，等.高职院校"双师型"教师队伍建设实践路径构建［J］.中国职业技术教育，2023（6）：73-78.

［20］魏澜，王坤，霍红艳.多源流理论视角下"双师型"教师认定标准政策议程探析［J］.职教论坛，2023，39（4）：82-88.

［21］同［16］.

［22］同［15］.

［23］陈凤英.职业教育"双师型"教师职业使命的结构与养成路径：基于扎根理论视域［J］.职业技术教育，2023，44（13）：38-45.

[24] 杜玉波.聚焦关键把握要义推动职业教育高质量发展[N].中国教育报，2022-05-10（5）.
[25] 郭广军,朱忠义.高职教育产教融合赋能教师专业发展的问题与推进策略[J].现代教育管理,2020（11）：80-86.
[26] 同[16].
[27] 崔宇馨,石伟平.双高院校"双师型"教师队伍建设：逻辑、困境与路径[J].职教论坛,2020,36（10）：90-95.
[28] 方甫兵,沙玲,孙磊,等."双高计划"背景下三阶段培养"双师型"教师实践教学能力的探索[J].职业技术教育,2022,43（2）：27-30.
[29] 赵永胜.高职院校"双师型"教师队伍建设路径研究[J].职业技术教育,2019（32）：48-54.
[30] 李锋,史东芳.陶行知乡村教师本土化培养思想及现实价值[J].教育学术月刊,2020（2）：3-9.
[31] 朱小蔓,王平.在职场中生长教师的生命自觉：兼及陶行知"以教人者教己"的思想与实践[J].南京师大学报（社会科学版）,2017（3）：67-74.
[32] 张晔.陶行知"好教育与好教师"教育理念的辩证解析[J].山西师大学报（社会科学版）,2013,40（3）：157-160.
[33] 同[16].
[34] 同[18].

第五章 陶行知教育思想对终身职业技能培训的价值

【内容提要】

　　终身职业技能培训是国家实施的就业优先战略，通过健全终身职业技能培训制度，推动解决结构性就业矛盾已经被纳入政府工作报告，是支撑新时代我国实施人才强国战略的重要举措。终身职业技能培训的核心内涵是技能培训要贯穿劳动者学习工作终身，让人才培养适应经济社会发展需要。但当前我国终身职业技能培训存在多头管理，缺少有效运行机制；培训资金使用低效、管理粗放、来源单一；缺少对职业技能培训开发机构或企业的相应激励与监管制度等问题。陶行知关于职业教育的思想对终身职业技能培训有以下启示：第一，终身职业技能培训需要从国家层面进行宏观统筹；第二，终身职业技能培训需要强调教学做合一；第三，终身职业技能培训需要综合多要素协同；第四，终身职业技能培训应该立足乡村振兴；第五，终身职业教育培训应该加强政策引导与资源优化配置。

第一节
终身职业技能培训的价值意蕴

终身职业技能培训是提升劳动者技能素质,开发劳动者可持续就业能力,实施国家就业优先战略的重要举措。2022年10月16日,中国共产党第二十次全国代表大会召开,习近平总书记代表第十九届中央委员会向大会作报告,在报告中提出"健全终身职业技能培训制度,推动解决结构性就业矛盾"。就业是最大的民生,就业问题也一直是我国政府经济工作的重中之重。近年来,党中央、国务院高度重视终身职业技能培训问题,寄望通过终身职业技能培训健全就业促进机制,促进高质量充分就业[1]。2018年,《国务院关于推行终身职业技能培训制度的意见》提出"面向城乡全体劳动者,完善从劳动预备开始,到劳动者实现就业创业并贯穿学习和职业生涯全过程的终身职业技能培训政策"[2]。2018年10月16日人社部印发了《技能人才队伍建设实施方案(2018—2020年)》,强调在高质量经济发展的背景下,技能人才队伍建设工作的重点举措之一就是推行终身职业技能培训制度,实现多种群体对象的重点培训行动计划[3]。2019年,党的十九届四中全会通过《中共中央关于坚持和完善中国特色社会主义制度 推进国家治理体系和治理能力现代化若干重大问题的决定》,在"坚持和完善统筹城乡的民生保障制度,满足人民日益增长的美好生活需要"中提出了"健全公共就业服务和终身职业技能培训制度,完善重点群体就业支持体系"。2019年,《国家职业教育改革实施方案》提出:"能够依据国家有关法规和职业标准、教学标准完成的职业技能培训,要更多通过职业教育培训评价组织等参与实施。"2022年,新修订施行的《中华人民共和国职业教育法》明确规定,"职业学校教育与职业培训并重"。由此可见,终身职业技能培训被赋予了特殊的期望和使命,是支撑新时代我国实施人才强国战略和就业优先战略的重要举措。陶行知是我国现代教育史上成就卓著、影响深远的教育理论和实践家。20 世纪初,陶行知在发表的颇具影响的《生利主义之职业教育》一文中就指出职业教育和技能培训是"为应济生活所必需的教育","每个人要生存要生活,就要有维系生存生活的职业;一个人有独立的职业,才能过上独立的生活;职业教育就是人们生存生活所必需的教育","有关于职业之生活,即有关职业之教育"[4]。陶行知明确提出了每个人要生存和发展以至过上体面的生活,必须高度重视和接受职业教育与技能培训。

一、终身职业技能培训的学理渊源

终身职业技能培训终身化研究可以追溯至早期的终身教育研究,以及后来的终身学习理念的全球推广。"终身教育"最早由"现代终身教育之父"保罗·朗格朗(Paul Lengrand)提出,他认为终身教育是对传统教育形态的超越和升华,是每个人持续一生实现自我、适应社会的必需课题。1965 年 12 月,保罗·朗格朗(Paul Lengrand)在联合国教科文组织召开的第三届促进成人教育国际委员会会议上以"终身教育"为题作了大会报告,首次正式提出终身教育,引起强烈反响。1970 年,联合国教科文组织决定把"终身教育"作为联合国"国际教育年"的 12 大主题之一推荐给各成员国。为了配合这次活动,保罗·朗格朗于 1970 年出版了专著《终身教育导论》,更为系统地阐述了终身教育思想[5]。1972 年联合国教科文组织出版《学会生存——教育世界的今天和明天》,系统阐述了终身教育理论,对终身教育在世界范围的广泛传播做出了重大贡献[6]。在接下来的 50 多年里,联合国、联合国教科文组织、经济合作与发展组织、欧洲联盟等国际组织大力推广终身教育理念，例如，联合国在2015年通过的《2030年可持续发展议程：17个目标》中的5个发展目标与终身教育有关，联合国教科文组织在2015年发布的《仁川宣言》和《教育2030行动框架》再次重申和反映了终身教育的理论原则。

随着教育哲学思想和人的价值理论的发展，终身教育衍生出了系列相关概念，"终身学习"便是其中之一。终身学习走入大众视野的重要标志是罗伯特·梅纳德·赫钦斯（Robert Maynard Hutchins）在1968年出版的经典著作《学习型社会》，在其对未来学习型社会的构想中，核心概念之一就是终身学习。而1972年联合国教科文组织发布的报告《学会生存——教育世界的今天和明天》，以及1976年11月22日召开的第19届联合国教科文组织总会，则为终身学习发展成为全球教育理念铺平了道路。1973年，经济合作与发展组织（以下简称经合组织）颁布的《回归教育：终身学习的策略》则为终身学习的具体实践提供了可行的实施策略。

20世纪90年代，伴随着全球化、知识经济和信息化社会的迭代加速，终身学习获得了来自民间和官方组织的更多青睐。1994年，首届世界终身学习大会在罗马召开，标志着终身学习发展进入新的历史阶段。在终身学习成为国际教育理念的过程中，联合国教科文组织、经合组织等国际组织发挥了重要的推动作用。例如：联合国教科文组织在1996年发布了报告《教育——财富蕴藏其中》，确定1996年为欧洲终身学习年；2015年，联合国教科文组织发布了《仁川宣言》（Incheon Declaration）和《教育2030行动框架》（Education 2030 Framework for Action），提出到2030年实现"确保全纳、公平的优质教育，使人人可以获得终身学习的机会"的宏伟蓝图。经合组织于1996年发布了《全民终身学习》报告书，提出终身学习的目的在于促进个人成长、社会凝聚和经济发展，并于其后发布了一系列政策报告，如 2000 年的《终身学习的资源在何处》、2001 年的《终身学习的经济与财政》、2003 年的《国家资历系统在促进终身学习中的作用》、2007 年的《资历框架：通向终身学习的桥梁》等。欧洲联盟（简称欧盟）也发布了系列政策条例或白皮书，如 1995 年发布的《教与学：迈向学习型社会》白皮书、2000 年发布的《终身学习备忘录》、2001 年发布的《实现终身学习的欧洲》建议书、2002 年发布的《终身学习》决议书、2006 年发布的《终身学习整体行动计划（2007—2013 年）》、2008 年发布的《欧洲终身学习资历框架》等。

目前，世界各国的终身教育和终身学习实践正在向立法化及体系化方面发展，而建立国家资历框架以整合各种学习路径及学习成果，已经被世界各国采纳为推动终身教育的重要制度，被认为既是教育和学习成就的认可制度，也是教育质量的基本保障制度。根据联合国教科文组织等机构 2019 年联合发布的《全球区域和国家资历框架目录》的统计，全球终身教育资历框架的发展规模达到前所未有的水平，建立和实施资历框架的国家总数超过 161 个，覆盖联合国列出的 193 个主权国家的四分之三，占 83%[7]。同时，终身教育资历框架的国际发展已经进入到跨国的资历和学分互认阶段，全球建立了 7 个区域资历参照框架，为 126 个国家提供了跨国资历和学分对接的标准[8]。随着知识经济和全球化进程的加速，世界各国逐渐认识并理解终身教育和终身学习的重要性，相继制定和出台了系列政策文件，以促进全民终身学习的发展。例如，英国政府以技能战略为重点发展终身学习政策；澳大利亚大力促进终身学习在基础教育、成人教育和教师教育方面的发展；北欧国家在终身学习的语境下，不断改善传统的成人教育活动；东亚国家针对终身学习在国家教育、经济和社会政策中的贯彻落实和交互融合开展了大量工作；非洲、南亚及南欧的一些国家和地区在政府和联合国教科文组织、欧盟等国际组织的支持下，制定并落实了适合本地区的终身学习政策。

终身职业技能培训是顺应终身教育和终身学习理念的一种具体技能拓展与提升策略,是各国在21世纪普遍的政策选择和教育战略。目前,全球许多国家都把终身职业技能培训纳入国家教育体系,把终身职业技能培训看作技能型社会的建设基础和国家可持续发展的重要动力。

二、终身职业技能培训的本质内涵

终身职业技能培训的核心内涵是"终身",技能培训要贯穿劳动者学习工作终身,让人才培养适应经济社会发展需要。这里所指的劳动者可以涵盖两类人群,即已经就业人员以及准备就业人员。终身职业技能培训中"终身"的涵义包括五个层面的意思。其一,覆盖面广,包括上述的全体劳动者,这对于提高社会整体发展力和稳定局面具有深远的意义;其二,贯穿时间长,从劳动预备开始,到劳动者实现就业创业并贯穿学习和职业生涯全过程;其三,激励评价多样性覆盖技能人才评价体系的全部内容,体现了人性化;其四,就业培训的补贴,覆盖终身职业生涯,解决了基层单位和人员经费短缺的问题;其五,全方位、多角度的服务保障体系,让终身职业技能培训拥有持续、常态化保障。

此外,终身职业技能培训作为现代社会福利,公共性是其重要属性,具体表现为福利保障普惠化、供给主体多元化、治理方式社会化。福利保障普惠化即终身职业技能培训面向全体、服务终身、惠及社会;供给主体多元化即政府、企业、劳动者、志愿组织共同承担终身职业技能培训责任;治理方式社会化即依法规范与契约约束相结合,推动终身职业技能培训协同治理。具体而言,其本质特征包括以下几个方面:

第一,注重重点人群职业技能培训。作为现代社会福利的重要组成部分,终身职业技能培训是国家技术技能积累的重要途径,满足公众终身学习和终身发展的需要。终身职业技能培训在受益对象上具有广泛性,面向社会各阶层成员的同时,注重对重点人群的扶持或优待,保障广大人民群众享有接受终身职业技能培训的权益。终身职业技能培训的宗旨可以概括为既要"锦上添花"、更要"雪中送炭"的民生工程。

第二,技能培训贯穿个体职业生涯。终身职业技能培训彰显终身教育的思想,服务人的终身发展。终身职业技能培训伴随个体终生的学习、工作和退休的不同阶段,连接人们的学习、工作和休闲,增进广大人民群众终身发展,贯穿职业生涯全过程。个体一生各个年龄阶段具有不同的发展需求,终身职业技能培训关注个体的生命状态,为所有需要的人提供合适的职业教育,促进其终身发展。终身职业技能培训的具体形式包括学历继续教育、职业技能培训、社区(老年)教育等。

第三,职业技能培训效益外溢社会。终身职业技能培训收益具有明显的正外部性,即不仅对受教育者本身产生内部收益,还会外溢至社会,产生更大的社会效益。一方面,个体通过接受不同种类的教育学习,实现自身人力资本的投资,获得一定的经济收入与精神享受。另一方面,受教育者会给其他社会成员以及地方区域带来公共收益,例如劳动生产率的提升、全社会的发展与进步等。终身职业技能培训效益外溢社会,主要表现在推动区域经济的持续发展和引领终身学习的社会风尚两个方面。终身职业技能培训既是学校教育的补充与延续,也承担不同于学校教育的任务。其将具有就业创业需求的人群纳入教育和培训系统中,提供多样化的优质教育资源,其普及性使全民学习成为可能[9]。

三、终身职业技能培训的时代诉求

开展终身职业技能培训是提升劳动者就业创业能力、缓解结构性就业矛盾的重要举措,是建设技能型社会的重要支撑。与此同时,国际上各国在推动经济转型和产业升级的过程中高度重视终身职业技能培训,并逐渐形成了自身特有的体系和模式。例如,美国政府从1960年的产业结构调整开始重视终身职业技能培训,通过构建完善的职业技能培训体系,提升了劳动者的技能水平和整体素质,有效地满足了产业发展的需求。2020年,美国职业技能培训费用的来源中,企业投资占比超过42%,个人和家庭投资占比超过35%。20世纪60年代,德国通过大规模的终身职业技能培训让失业员工实现了转岗再就业,促进了大规模的产业结构升级,带动了德国制造业的发展。2004年6月,德国联邦政府与私营企业协会签订了协议,共同开展职业技能培训的相关工作。德国联邦政府还积极鼓励企业与职业院校合作,提升职业技能培训质量,要求各州的职业院校与企业开展的职业技能培训实现学分互认。20世纪80年代,日本面临巨大的就业压力,通过大力开展终身职业技能培训,降低了失业率,实现了经济的稳步增长。2010年,日本政府围绕本国产业升级对提升劳动者职业实践能力的现实要求,制定了《实践能力提升战略规划纲要》,并于2011年印发了《职业能力提升战略》,确立了全国职业资格评价细则、评价等级、执行步骤、实施方法、结果应用等内容,由此开启了"职业段位"制度。自2015年起,日本政府针对失业人群提高了参与就业培训计划的补助标准,失业人员的职业技能培训补助由过去每月6万日元提升至10万日元[10]。由此可见,各国都从顶层设计、制度保障、经费支持等方面积极推动终身职业技能培训,以应对技能型社会发展需要。

技能型社会的逻辑蕴含了联通主义理论提倡的信息租赁,工人永久处于培训状态,获得的技能很快就会被废弃,互联互通是为了信息流通，培训逻辑产生的影响以对当前市场有用的主观性生产的一次性方式永久存在，给传统重视过往经验而忽视职业生涯持续提升的现实带来挑战[11]。21世纪以来，我国经济迅速发展，并逐渐进入技能型社会。21世纪初至2015年，我国经济保持了高速增长，GDP年均增速达到9.65%，人均GDP年均增速高达9.05%，成为全球最大的经济体之一。2015年以后，进入经济发展新常态，增长速度从高速转向中高速，发展方式从规模速度型转向质量效益型，技能型社会发展成为必然。但是，新常态中形成阻力的主要问题是我国经济发展不平衡、不协调、不可持续问题仍然突出，有效供给不足，结构性矛盾长期存在，各类风险特别是来自国际的风险不断加大。一方面，全球贸易不确定因素增加，对贸易周期推动的此轮全球经济复苏形成直接挑战；另一方面，我国总需求持续走弱，制造业仍处在缓慢上升的通道之中，加上城乡、区域发展不平衡，经济发展与社会进步之间的矛盾尚未得到根本解决。为了提升我国综合国力、保障国家安全、建设世界强国，2015年3月5日，李克强在全国两会上作《政府工作报告》时提出了"中国制造2025"的国家战略计划。这个战略计划是面对新的国际国内发展形势，立足于国际产业变革趋势，全面推进实施制造强国的战略文件。以"创新驱动、质量为先、绿色发展、结构优化、人才为本"的五大方针，实现从制造业大国向制造业强国的转变，建设技能型社会。

"中国制造2025"的核心内容是实行五大工程，除了战略支撑外，人才保障是技能型社会发展现阶段面临的主要挑战之一。2017年2月24日，教育部联合人社部、工信部印发的《制造业人才发展规划指南》（以下简称《规划指南》）指出，制造业人才队伍建设存在的四个突出问题是：其一，人才结构性过剩与短缺并存；其二，制造业人才培养与企业实际需求脱节；其三，企业在制造业人才发展中的主体作用尚未充分发挥；其四，制造业人才培养培训的投入上总体不足[12]。除了以上四个突出的制造业人才培养问题，职业技能培训工作中还存在着以下四个方面的问题：其一，培训覆盖面过于狭窄，培训对象主要集中在一般就业人员和农村务工人员；其二，培训服务供给不足，政府的补贴偏少，导致企业兴办职业技能培训机构积极性不足；其三，有效性不够明显，职业技能培训偏向中低端，无法适应产业的转型升级、知识更新、技术进步的社会需求；其四，基础能力亟待加强，特别是层级合理、定位清楚、布局科学的公共职业技能培训体系尚未建立[13]。

党的十八届五中全会以及党的十九大提出要建立终身职业技能培训制度，完成两个目标：一是大规模开展职业技能培训；二是构建知识型、技能型、创新型劳动者大军。党的二十大报告提出要实施就业优先战略，健全终身职业技能培训制度，推动解决结构性就业矛盾。由此可见，终身职业技能培训既是技能型社会发展的内在要求，也是新时代国家高质量内涵发展以及应对国内外复杂局势的外在诉求。

第二节
终身职业技能培训的现实问题

当前，我国劳动力市场面临着双重矛盾：一方面是由摩擦性和结构性因素导致的就业困难和自然失业，另一方面是劳动者的职业技能无法适应产业结构优化升级。人力资本的积累是当务之急，综合而言，当前终身职业技能培训的现实问题主要表现在以下五个方面。

一、多头管理，缺少有效运行机制

就终身职业技能培训机构而言，有人力资本输出地的就业部门，有人力资本输入地的就业部门及各类职业培训机构，还有各级工会、妇联、行业协会等组织的各种职业技能培训，所以参与的条线部门多，没有形成统一的组织领导机构，各部门间缺乏有效的沟通协调机制，缺少配套保障机制与措施，未建立起决策、指导、监管、培训、服务等具有协调功能的专门部门，导致终身职业技能培训管理各自为政，政出多门，管理无序，培训效果差。终身职业技能培训的运行机制不科学，也没有引入市场化竞争机制。有些地方或部门至今还通过垄断手段，用下指标、搞摊派等措施来形式化地完成培训任务，最终完成部门创收目标。

二、培训资金使用低效、管理粗放、来源单一

就终身职业技能培训资金使用管理而言，多个条线部门以不同方式介入其中，且各部门对培训资金的使用发放标准不同，这不仅会使培训资金使用分散，使部分职业技能培训项目因培训资金投入少而达不到预期培训效果，而且降低了资金使用效率，放大了对财政培训补贴资金的需求，加重了财政负担。目前，终身职业技能培训的资金大都来自财政，尚未形成多元化的培训资金投入机制。为解决该问题，未来应遵循谁受益谁投入的原则，多渠道引入财政以外的其他资金。

三、缺少对职业技能培训开发机构或企业的相应激励与监管制度

终身职业技能培训财政补贴资金是有限的，分摊到每个培训项目后，单个培训项目可用培训资金并不多，对于各类培训机构而言，这种培训项目已不是一块肥肉，而是一块鸡肋，食之无味，弃之可惜。

培训机构为了利益最大化，不愿投入较大的成本去开发实施好培训项目，而是采取成本最小化的方式来实施形式化的培训，培训只重数量，不重质量、效果与特色，有些培训机构的培训目的只是为了获得更多的财政培训补贴资金，所以现有的培训不能很好地满足群体的培训需求。在培训质量监督方面，只重视形式监督与结果导向的监督，没有过程监督，导致培训质量难以控制。所以，有必要设计一套好的激励和监管机制，这样可减少或杜绝各类培训机构的短期利益倾向，减少或杜绝为了培训而培训的倾向，彻底改变只重量不重质的形式化培训。

四、新生代就业者缺少参加培训的积极性或激励机制

虽然部分终身职业技能培训是由政府财政补贴，参加培训的新生代就业者不需要支付或只需支付很少的培训费，但参加培训的积极性并不高，究其原因，可能在于：（1）培训项目或课程传授的知识或技能难以达到或满足新生代就业者提高自身职业技能水平的愿望与要求；（2）参加职业技能培训需要支付的时间成本高。这里的时间包括上课来回在途时间、课堂学习时间、作业时间。新生代就业者由于技能水平低，大多数从事工作时间比较长、薪水比较低的岗位，无法腾出大量时间来参与自我技能提高的培训学习，即工作与培训无法兼容兼得；（3）新生代就业者更关注眼前的利益，更关注参加培训能否马上提高自己的收入水平，如果培训产出小于投入培训的各项成本之和，就不会有接受培训的积极性；（4）培训市场鱼龙混杂，信息广告多而杂，由于信息不对称，新生代就业者缺少培训项目和信息的识别能力，导致培训项目选择性困难，选择成本提高，这也是培训意愿不强，培训积极性不高的原因之一。

五、大多数企业缺少开展职业技能培训的动力

在现行的终身职业技能培训体制下，大多数企业对在职劳动者开展职业技能培训的愿望不强，动力不足。技能工人通过职业技能培训提高自身岗位职业技能，对企业用工来讲是有利的，用工企业是终身职业技能培训的第一直接受益人，但企业却没有动力对刚录用或在职的技能工人雇员开展职业技能培训。究其原因，可能在于以下错误认识：（1）在职培训不仅影响日常工作任务的实施执行，还要支付相应的工资，还需要雇用专业的培训师与配备相关的培训设施与资源，所以，培训工作费钱费力，产出效益不明显，中小企业普遍不重视在职培训工作；（2）经营观念陈旧，把培训看成成本，而没有看到员工生产力的提升与未来的产出。另外，对员工也不够信任，认为员工技能高了，就会从本企业离职去市场上寻找高薪工作，这样培训工作就成了"为他人作嫁衣"[14]。

第三节

陶行知全民教育终身教育思想

一、陶行知终身教育思想

终身教育思想是陶行知在"生活教育"理论的基础上发展而来的。从陶行知的生活教育理论来看，其强调教育应该融入生活的各个领域，教育应该贯穿人类生活的整个过程。这是陶行知的早期终身教育的思想，即教育应无限地横向拓展，形成教育的社会化，教育也应无限地纵向延伸，形成教育的终身化。

陶行知指出"要把教育和知识变成空气一样，弥漫于宇宙，洗荡

于乾坤，普济众生，人人有得呼吸"，反映出全民教育的思想，强调教育面向社会全民，体现出教育的公平、包容和民主性。他经常以自己的母亲为例：57岁学习《平民千字课》，证明老年人具有学习的能力。在他普及教育的对象中，就有七八十岁的老人，小先生教老人学习认字，这符合终身教育的理念。各个年龄段，只要有接受教育的意愿，都可以接受适当的教育，不仅能满足自己的幸福爱好，还能提升自己的技能，丰富闲暇生活，更好地应对老龄化。他在拟订四万万中国人民主义教育的计划中，将终身教育作为指导原则之一加以阐述，他说：终身教育，培养求知欲，学习为生活，生活为学习，只要活着就要学习。一旦养成学习习惯，个人就能终身不断地进步。他这里用的是终身教育，进一步将终身教育和终身学习并列，并着重强调学习者个体的主动性和主体性，培养学习者的学习习惯。人是社会生活的主体，是未完成的动物，只有通过不断学习，才能不断提高和完善自己。人的一生就是这样一个不断学习、不断提高的过程；同时指出教育与生活密不可分，教育是应生活之要求而来，它也必然给生活以力量。

二、陶行知职业教育思想

陶行知将职业教育界定为"应济生活所必需的教育"。从这个意义上讲，每个人要生存、生活和发展都必须接受职业教育与培训，一个社会、一个国家职业教育的普及和发展直接影响这个民族这个国家经济发展的水平。职业教育的一个重要特征是强调"教学做合一"，即职业教师"手把手"教，学生通过学习再自己动手做，做本身也就是学。同时，陶行知强调"劳力上劳心"，反对单纯技术操作和重复机械训练，主张理论联系实际，边做边思考，不断进行技术改进。陶行知认为，职业教育的宗旨是"生利""利群"。所谓"生利""利群"，就是职业学生通过职业教育要么能够生有利之"物"，即创造出人民群众和社会需要的物质财富或商品；要么能够生有利之"事"，即为社会和他人提供优质高效的服务。为实现此宗旨，陶行知强调职业教育要做到职业技能训练和综合素质提升并重，唯有如此才能培养出"生利""利群"的有用人才。

　　陶行知认为，职业教育必须具备四个要素：第一个要素是职教师资。作为一个优秀的职业教师必须具备三个条件，即职业经验、学识学术和教学方法。三者当中，职业经验最重要，学识学术和教学方法重要性依次次之。第二个要素是职教设备。职教设备是职业教育的物质基础和前提条件。国家或职业院校一定要舍得投资购置和配备各种职业教育所需的职教设备；职业院校要和附近的相关厂矿和企业建立联系、开展合作，以充分利用校外一切可以利用的资源和设备。第三个要素是专业课程与教学。基于职业教育的特点，要求尽量实行小班教学；职业教育课程既要有理论课，也要有实践课，且二者要紧密衔接；要一事一课、循序渐进。第四个要素是职业学生。职教学生要根据自己的特长和兴趣慎重选择职教科目。在学生选择所学职业科目前，职业院校要提供实习机会，让学生亲身体验不同职业的境况。陶行知认为，中国推广职业教育的重点应放在农村。他说："我们要想中国活起来，就得要在农业上安根，在工商业上出头。"陶行知强调，要想从根本上改变我国农村贫困落后的面貌，唯一的出路就是政府大力发展和推广乡村职业教育，将占中国人口相当大的比例的农民培养成拥有农业科技知识和技术的农业技术工人，或与农业相关的技术人才、工商管理人才等，以充分调动农民建设美好家园的积极性、主动性和创造性[15]。

第四节
陶行知教育思想对终身职业技能培训的启示

一、终身职业技能培训需要从国家层面进行宏观统筹

终身职业技能培训关乎国家民族经济发展水平，一个社会、一个国家职业教育的普及和发展直接影响这个国家的经济发展，因此需要从国家层面对终身职业技能培训进行顶层设计和宏观统筹。具体可从以下方面入手：一是制定中长期职业技能培训规划并大力组织实施，人社部、教育部、工信部、国家发改委、国资委等部门协同参与，推进政策落地，从总体发展规划上明确建设知识型、技能型、创新型劳动者大军，职业技能培训突破原来技能型劳动者的范围，将知识型和创新型劳动者也纳入其中，包括高校毕业生、科技人员、留学回国人员、农村转移就业和返乡创业人员、农民工、失业人员、转岗职工、新型职业农民、城乡未继续升学的初高中毕业生、即将退役的军人、退役军人以及其他人群等。二是构建终身职业技能培训体系，完善技能培训政策和组织实施体系，围绕就业创业群体，大规模开展就业技能培训，通过发挥企业主体作用来加强职工岗位技能提升培训，并配套相关的激励措施，加强高技能人才培训以适应产业转型升级需要，特别是新知识、新技术、新工艺等方面的培训。三是深化机制改革，完善市场化社会化发展机制、技能人才多元化评价机制、质量评估监管机制、多渠道激励机制等四部分内容。四是落实好公共财政保障。加大财政投入力度，落实培训补贴政策，发挥好政府的引导和资金的撬动作用。加强经费保障，建立多元化投入机制、多渠道筹集经费。加强培训政策宣传，创新宣传方式，提升社会影响力和公众知晓度，进一步优化社会环境。

二、终身职业技能培训需要强调教学做合一

就终身职业技能培训的具体实施策略而言，需要强调教学做的协同，从教的维度、学的维度和做的维度共同着力推动终身职业技能培训的实际运行。具体可以从以下方面入手：一是职业教育与培训教师要"手把手"教，职业教育培训教师在个人素质方面应该具有扎实的理论教学能力以及丰富的实践经验，成为学校课堂与企业行业皆通的"双师型"教师，担当学校教育与就业市场之间的桥梁和纽带，紧跟劳动力市场的用人需求，及时调整职业教育培训内容，保证知识和技能的针对性与实用性；二是学生要强调自主学习意识与实践能力提升，学生通过学习再自己动手做，做本身也就是学，学和做要统一而不是分离，避免职业技能失配，满足用人行业企业需要；三是终身职业技能培训首先要反对纯理论教学，但也要避免另外一个极端，过度重视技能培训而忽略知识素养提高，要反对单纯技术操作和重复机械训练，主张理论联系实际，边做边思考，不断进行技术改进，不断在理论中促进技能提升，在实践中深化知识认证；四是重视职业道德素养提升，培养学习者的职业道德和工匠精神，注意德技兼修，德才兼备。综合而言，职业教育要做到职业技能训练和综合素质提升并重，才能真正满足社会用人需要，培养对国家有用的人才。

三、终身职业技能培训需要综合多要素协同

陶行知教育思想强调多种要素协同推进职业教育，而这也契合终身职业技能培训的发展要求。一是职教师资要素。一名优秀的终身职业技能培训教师必须具备三个条件，即职业经验、学识学术和教学方法。三者当中，职业经验最重要，学识学术和教学方法重要性依次次之。二是职教设备要素。职教设备是职业教育的物质基础和前提条件。国家或职业院校一定要舍得投资购置和配备各种职业教育所需的职教

设备；职业院校要和附近的相关行业企业建立联系、开展合作，以充分利用校外一切可以利用的资源和设备。在数字时代，要加强职业技能培训教学资源建设、职业技能培训基础平台建设，依托大数据、云计算、人工智能等数字技术手段来保障培训方式的创新、培训内容的科学性与操作的便捷性。要完善教学资源建设，借助互联网平台实现培训成果的认定与转换，实现学历教育与技能培训的融通。三是课程与教学要素。基于终身职业技能培训的特点，要求尽量实行小班教学；职业教育课程既要有理论课，也要有实践课，且二者要紧密衔接；要一事一课、循序渐进。四是职业教育培训学生要素。职业教育培训学生要根据自己的特长和兴趣慎重选择职业教育培训学生科目。在学生选择所学职业科目前，职业院校要提供实践机会，让学生亲身体验不同职业的境况，为学生选择符合个人志趣和专长的课程提供参照。

四、终身职业技能培训应该立足乡村振兴

陶行知认为，中国推广职业教育的重点应放在农村，强调要将占中国人口相当大的比例的农民培养成拥有农业科技知识和技术的农业技术工人，或与农业相关的技术人才、工商管理人才等，以充分调动农民建设美好家园的积极性、主动性和创造性。在中国，农民占人口的绝大多数是一个基本国情，党的十九大作出了实施乡村振兴战略的重大决策部署，成为新时代系统化破解城乡二元结构和"三农"难题的总纲领。党的二十大又提出了新征程"最艰巨最繁重的任务仍然在农村"，明确把"全面推进乡村振兴"作为新征程"三农"工作的主题主线[16]。在此背景下，终身职业技能培训应该立足乡村振兴，服务乡村振兴和农村现代化建设，契合国家乡村振兴发展战略，作为解决城乡发展不平衡和农村发展不充分矛盾的重大举措。具体而言，可以分为三个阶段，也就是：到2020年，乡村振兴取得重要进展，制度框架和政策体系基本形成，终身职业技能培训应加强对相关制度和政策的宣传与培训，提升乡村就业人员的思想意识，转变育人观念；到2035年，乡村振兴取得决定性进展，农业农村现代化基本实现，终身职业技能培训应重视对农村从业人员的技能培训和综合素养提升，提供相关课程和技能包；到2050年，乡村全面振兴，农业强、农村美、农民富的目标全面实现，终身职业技能培训应调整实施策略，根据时代需求提供技能培训与知识供给。在乡村振兴过程中，终身职业技能培训应该充分融合党的十九大报告中关于实施乡村振兴战略的"二十字"方针，也就是要"按照产业兴旺、生态宜居、乡风文明、治理有效、生活富裕的总要求，建立健全城乡融合发展体制机制和政策体系，加快推进农业农村现代化"，激活市场、激活主体、激活要素、激活政策、激活组织，通过终身职业技能培训推动全社会多主体、多力量、多机制的介入与协同，实现农民主体、政府主导、企业引领、科技支撑、社会参与的"五位一体"系[17]。

五、终身职业技能培训应该加强政策引导与资源优化配置

终身职业技能培训的推行需要从政府层面加强政策制度引导，而制度的构建与推行是一个系统性工程，政府部门需要充分利用不同政策工具的差异化功能，完善和加强多种政策工具的优化组合及创新，提升培训政策的整体效果。政府特别需要高度重视舆论引导型工具和自愿参与型工具的使用，塑造终身学习的社会共识，推动利益相关者更加便捷地参与培训，降低终身职业技能培训的治理成本。此外，终身职业技能培训制度作为塑造国家技能形成的重要手段，需要政府协调各相关主体的利益关系来促成社会合作，以集体方式培育社会经济发展所需要的技能。因而，职业技能培训是与学校学历教育既相互平行又同等重要的类型教育。作为类型教育的职业技能培训需要贯穿"学习中心"的教育理念,为终身学习提供公共服务和资源,将受教育者的培训需求置于培训目标的首位。在终身职业技能培训制度创建的初期,将实现培训管理规范化作为培训政策的首要目标无可厚非。但是,随着制度推行到纵深阶段,就需要更多关注接受培训的公平性、培训过程的公平性与培训结果的公平性等经久不衰的社会议题。因此,政府在完善终身职业技能培训政策目标时,需要提前规划培训作为类型教育所面临的社会议题,即更多地关注培训对象普惠化和培训形式多样化等目标,以期完善终身职业技能培训制度的内部架构,为实现经济高质量发展提供一大批知识型、技能型与创新型劳动者大军[18]。

本章小结

终身职业技能培训是开发劳动者可持续就业能力的重要举措。党的二十大报告中提出"健全终身职业技能培训制度,推动解决结构性就业矛盾",为终身职业技能培训提出了时代要求。近年来,党中央、国务院高度重视终身职业技能培训问题,寄望通过终身职业技能培训健全就业促进机制,促进高质量充分就业。其实质是要通过终身职业技能培训,面向城乡全体劳动者,完善从劳动预备开始,到劳动者实现就业创业并贯穿学习和职业生涯全过程的终身职业技能培训政策。终身职业技能培训终身化研究可以追溯至早期的终身教育研究,以及后来的终身学习理念的全球推广。国际上各国在推动经济转型和产业升级的过程中高度重视终身职业技能培训,并逐渐形成了自身特有的体系和模式。我国在推动技能型社会建设中也高度重视终身职业技能培训,但当前依然存在培训覆盖面过于狭窄,培训服务供给不足,政府的补贴偏少,有效性不够明显,基础能力亟待加强等问题。陶行知将职业教育界定为"应济生活所必需的教育",并提出一个社会、一个国家职业教育的普及和发展直接影响这个民族这个国家经济发展的水平,强调"教学做合一",对终身职业技能培训从政策层面、要素层面、实施层面、保障层面都具有重要启示。但随着我国教育强国和数字中国目标的持续推进,如何根据时代发展需要,以及国际国内形势,及时调整终身职业技能培训内容与策略,深化对培训效果的评价与优化将是未来相当长时期内不断努力的志业。

参考文献

[1] 李黎丹,郑爱翔.政策工具视角下我国终身职业技能培训政策量化分析[J].教育与职业,2023(13):105-112.

[2] 国务院.关于推行终身职业技能培训制度的意见(国发〔2018〕11号)[EB/OL].(2018-05-03)[2023-06-30].https://www.gov.cn/gongbao/content/2018/content_5291361.htm.

[3] 人社部.人社部印发《技能人才队伍建设实施方案(2018—2020年)》[EB/OL].(2018-10-16)[2023-06-30].http://www.mohrss.gov.cn/SYrlzyhshbzb/dongtaixinwen/buneiyaowen/201810/t20181016_302991.html.

[4] 时宇娇.论陶行知职业教育思想[J].教育探索,2016(11):1-5.

[5] Lengrand P. An introduction to lifelong education [M]. Paris:UNESCO, 1970.

[6] Finberg B D, Faure E. Learning to be: The world of education today and tomorrow [J]. Leonardo, 1972, 8(4): 354.

[7] CEDEFOP. Global inventory of regional and national qualifications frameworks 2019, volume II: national and regional cases [EB/OL]. (2019)[2020-02-05]. https://www.cedefop.europa.eu/files/2225_en.pdf.

[8] 张伟远,谢青松,胡雨森.终身教育资历框架全球化发展的关键议题[J].现代远程教育研究,2020,32(3):44-50.

[9] 肖凤翔,郭婕.终身职业技能培训的公共性探析[J].职业技术教育,2020,41(4):41-47.

[10] 王瑞,蔚志坚,陈炯.美、德、日三国职业技能培训的模式、经验及对我国的启示[J].教育与职业,2023(10):94-101.

［11］Sennett R. A corrosão do caráter : Consequências pessoais do trabalho no novo capitalismo［M］. Rio de Janeiro, RJ : Record, 2005.

［12］教育部, 人力资源和社会保障部, 工业和信息化部. 三部委关于印发《制造业人才发展规划指南》的通知（教职成〔2016〕9号）［EB/OL］.（2017-01-11）［2023-06-30］.http：//www.moe.gov.cn/srcsite/A07/moe_953/201702/t20170214_296162.html.

［13］程舒通, 徐从富. 终身职业技能培训制度的研究［J］. 成人教育, 2020, 40（4）：80-84.

［14］朱益新, 郑爱翔. 基于区块链技术的新生代农民工终身职业技能培训体系构建研究［J］. 成人教育, 2020, 40（9）：50-57.

［15］同［4］.

［16］位杰. 中国式现代化视域下乡村振兴战略的逻辑理路与实践指向［J］. 当代经济管理, 2023, 45（9）：54-61.

［17］黄祖辉. 准确把握中国乡村振兴战略［J］. 中国农村经济, 2018（4）：2-12.

［18］张双志. 中国终身职业技能培训政策文本研究：基于政策主体、工具与目标的分析框架［J］. 中国职业技术教育, 2020（9）：88-96.

第六章
陶行知教育思想对技能人才评价的价值

【内容提要】

　　技能人才评价是推进技能型社会文化建设的题中之义，是保障职业教育人才培养质量的关键，也是激活技能人才创新能力的重要抓手。当前对于技能人才的评价主要有学历认证、行业资格或等级评定以及各类别职业技能竞赛。资历框架制度是提供一套涵盖知识、技能和能力的等级标准，能够在横向贯通普通教育、职业教育和社会继续教育、培训等，在纵向上衔接不同等级，为技能人才评价提供了有效的参考。从资历框架视角出发，参考陶行知职业教育思想和终身教育思想，提出当代技能人才评价的策略与建议。

第一节
技能人才评价的价值意蕴

技能人才的评价是指依据一定的准则,对技能人才给予客观评价。我国技能人才评价制度大致历经了考工升级、工人考核、职业资格以及多元化评价四个阶段的发展。

一、推进技能型社会文化建设题中之义

随着信息技术的飞速发展,我国逐步迈入工业化4.0时代,技术、机器人、人工智能和自动化等相互组合,创建了更加高效、有效的工业生产与制造过程。伴随着工业转型,产业结构不断调整与升级,对技能型人才的质量和数量都提出了更高要求。2021年4月,全国职业教育大会上创造性地提出了建设技能型社会的理念与战略。技能型社会体现为国家重视技能、社会崇尚技能、人人学习技能、人人拥有技能[1]。建设技能型社会,是适应国家产业发展、提升国际竞争力的需要,有利于深化职业教育改革、创新人才培养战略,激发个人成长成才的积极性。技能型社会建设不是一蹴而就的,在建设中还存在诸多障碍,一方面在我国传统文化中,突出"学而优则仕",重知识轻技能,职业教育影响力不足,导致普通社会技能型人才往往认可度不高[2],另一方面社会大众并没有充分认识到技能对于个人生产生活的重要价值。建设技能型社会,首先需要做好职业教育文化传播,使得社会成员能够认识到其重要性与价值性,并将社会的价值观与个人的价值观、行为模式等有机协调起来。重视并客观地对技能人才进行评价是推进技能型社会建设的抓手。

二、保障职业教育人才质量的关键举措

回归到职业教育中，对技能人才的评价是对职业教育人才培养质量的评估，不仅是针对人才培养结果的评价，更是渗透到人才培养的过程中，发挥着检查、监督的作用，能够为职业教育的人才培养及时提供参考。当前社会大众对职业教育还存在一定偏见，将职业教育视为"次等教育"[3]。要深化职业教育改革、消除偏见，最重要的就是对本科层次职业教育学位制度进行改革。2021年，国务院印发的《关于做好本科层次职业学校学生学位授权与授予工作的意见》，是本科层次职业教育学位授予工作的顶层指导性文件，为实践提供了强有力的制度保障，强化了国家对于职业教育的重视，不仅体现了国家对于建设技能型社会的决心，有利于促进个体意识觉醒，形成崇尚技能的社会风尚，更是对职业教育技能评价的指引。

三、激活技能人才创新发展的重要抓手

党的二十大明确提出，在社会主义现代化的建设进程中，要坚持以人才为第一生产力，以创新为第一动力。随着新一轮科技革命的快速推进，我国迫切需要深化创新能力，提升自主创新水平，推动行业企业、社会和国家的发展。对技能人才给予评价，是基于科学的评价系统，运用科学的评估方法，以绩效为重点，对技能人才进行评估，不仅能够评估个人的能力水平，也是个人绩效的一个重要参考，能够激发个人的创新创造能力，增强国家整体创新水平。

第二节
技能人才评价的发展现状

技能人才的评价有多种形式,常见的主要有三种形式:第一种是基于国民教育体系下的学历认证,第二种是由政府或行业对技能人员的认证或评估,第三种是各级各类的职业技能竞赛。

一、职业技能的学历认证
(一)中高本职业教育衔接国内外发展现状与现实挑战

构建各级职业教育衔接的职业教育体系已经成为世界各国职业教育发展的普遍趋势,大部分发达国家都建立了从初中、高中到本科,甚至硕士博士的职业教育体系。德国在中职学校、高职院校与应用本科院校专业课程体系的衔接方面,按人才工作任务及人才培养目标对课程目标进行分类和专业课程级别划分,强调不同层次院校同一门课程目标按由低到高的等级进行有序衔接[4]。法国中高职课程体系衔接实施分类衔接法,政府制定全国统一的专业课程标准,要求中职学校和高职院校均需要按照国家相关规定设置专业,实施对口招生和按专业课程标准进行学习[5]。美国实行中等教育与高中后技术教育一体的教育体制,制定了统一的中等与高等教育衔接教学大纲,通过设置相应的综合课程实现了中职教育与高职教育的衔接。俄罗斯以法律法规的形式规定了各层次教育的人才培养标准,提高型中职教育的高等专科学校与普通高等教育的研究型大学、普通综合大学及专业学院课程沟通极为顺畅[6]。日本高等专门学校主要开设工科类专业,招收初中毕业生并实行"五年一贯制"的职业教育,使各类专业课程实现了自然衔接[7]。

我国职业教育院校已经积极进行了职业教育中高本衔接实践探索。就模式类型而言，主要有中职对口高专院校的"3+2""3+3"模式、特招单招考试、三二分段专升本模式、中本衔接模式、中专阶段高职院校实行的"五年一贯制"模式、高职教育与本科教育"3+2"模式、中职教育与本科教育"3+4"贯通培养模式、职业教育集团化办学模式等[8]。从区域视角来看，经济发达地区起步较早，并形成了良好的案例。例如：2011年，北京市开始了职业教育分级制，即从1至"5+"的五个层级的职业教育培养体系。2013年，广东省以中高职衔接专业教学标准和课程标准的研制为着力点实现中高职衔接，并开展了高职本科联合培养四年制应用型本科人才和三二分段专升本应用型人才培养两种类型的试点[9]。江苏省内职业教育专家学者开展了"中高职教育衔接、职业教育集团化"的教育改革，开展了中高职对接招生模式改革，实施中职学校合作招生、共同培养人才的举措，有17所高职院校作为试点，构建了中职、高职、本科的立体架构，各个高职院校针对中高职衔接专业开展了以课程体系为核心的现代职业教育研究，形成了一批以"中高职、本科纵向衔接、教育集团化"的现代职业教育理论和观点[10]。

从院校个体层面也可以看到众多职业院校在大力推进中高本衔接，并取得了良好的改革成效，其实践案例更是屡获国家教学成果奖。例如，无锡工艺职业技术学院探索构建中高本传统工艺非遗传承人"三三三"培养体系，学校连续6年与宜兴陶都中专、南京艺术学院开展"3+3"中高、"3+2"高本贯通合作培养，通过"中高本"陶艺非遗传承人才"三三三"培养体系构建的创新实践，在陶瓷传统工艺传承创新方面取得了显著成效[11]。北京市商业学校与北京联合大学携手开展了电子商务职业教育教学改革系列课题研究，在实践上采用了自下而上生长策略，由中职学校全面开展电子商务职业教育改革，高职、本科进行衔接试验[12]。

　　职业教育中高本衔接的实践成效也是国家教育主管部门和研究人员的重点关注对象。例如，教育部委托中高职衔接电子商务专业教学标准研制，通过对全国20多个省市70多所中职、高职及本科电子商务专业调研数据的定量分析，发现各地普遍重视中高本衔接培养，以应对产业结构的调整和人的发展需要[13]。有学者围绕中高本衔接人才培养试点项目开展情况，利用会议机会对来自江苏省内卫生职业类8所试点院校的教师、教学管理人员进行了问卷调查与访谈，研究结果发现中高本衔接人才培养受到社会与行业企业的欢迎与认可[14]。此外，也有学者围绕某一具体学科的中高本衔接开展实践研究，例如探索"七年一贯制"足球特色人才培养模式，打通中高本的培养通道[15]。而职业教育中高本衔接的具体构成主体内容也是研究的重点，例如对中高本衔接教学标准、课程体系建设、人才培养规格、职业教育集团化办学等的专项研究。

　　职业教育中高本衔接在实践过程中，虽然取得了卓越的成效，形成了丰富的实践成果，但在具体实施中，也存在诸多问题，综合而言，主要包括以下几个方面：第一，各层级职业教育定位与规格不明确。"中高本"各层级的职业教育定位不明确，国家尚未对不同层级职业教育进行准确定位，无论是从管理体制还是从评价标准来看都缺乏统一的标准[16]。由于在办学定位、办学目标上的不同，导致交叉部分较少，难以顺利衔接，出现了理论知识不系统、实践应用有错位等现象[17]。第二，专业与区域经济匹配度不高。由于试点专业发展较快，但与当地区域经济特征匹配度不高的情况，培养出的技能型人才不能很好地服务于地方经济，并出现人才过剩的现象。第三，中高本衔接制度体制不健全。中高本衔接由于涉及不同的办学主体，而彼此之间没有直接的管理权限，造成高职和本科教育管理制度、人才规格不能完全融合、深度对接,教育体系不能从制度体制上真正衔接。第四,中高本教育课程体系衔接不够。中高本教育体系在课程设置、教学内容上的衔接不够,课程体系联合设计的深度不足,导致专业课程设置重复交叉、专业教学内容相似、考核层针对性不强、教学方法不连贯等问题,直接影响学生学习专业的兴趣[18]。此外,处于不同培养阶段的中职、高职和职业教育本科在课程设置上相互独立、各自为政,课程体系对接难度较大,课程内容缺乏层次性,课程衔接中的难题和障碍未能有效突破[19]。

综合而言,中高本衔接的核心问题是缺乏科学合理的标准体系,导致定位界定模糊,人才培养规格层次不清晰、缺乏区分度,中高本不同阶段的能力结构标准、专业标准和职业技能标准缺乏"梯度",培养目标、课程结构、教学方法等衔接形式多样,却难有普适性的成熟模式。职业教育中高本贯通中存在各层次人才培养目标趋同、知识结构和能力结构建设脱节、课程设置重复、课程标准和评价体系不统一等问题。基于资历框架的行业资历等级标准可以为职业教育中高本衔接提供统一的标准体系,构建职业教育中高本知识、技能、能力、态度和价值观等维度的阶梯等级,从而破解职业教育中高本衔接实践操作中的关键问题。

(二)本科层次职业教育学士学位授予现实困境

学位属于高等教育的组成部分,是对高等教育接受者学业水平的认可与证明。《中华人民共和国高等教育法》规定学位制度是高等教育基本制度之一。学位制度在高等教育制度体系内的价值、功能以及定位,也需要在本科层次职业教育中得到体现与回应。随着职业教育改革的深化,职业教育成为一种教育类型,与普通教育同等重要。国务院明确指出建立高职教育学位体系,开展本科层次职业教育学士学位的授予,是完善学位体系结构、促进学位制度改革的重要方向。

本科层次职业教育的学位是对技术技能型人才的认可，区别于以科学知识和专业知识生产为基础的学术学位与专业学位，以技术知识生产、传承与扩散为旨归，借鉴联合国教科文组织统计研究所发布的《国际教育标准分类法（2011）》，将教育结构分为"普通"和"职业"，对应学位上用"学术"和"专业"进行替代，在本科层次职业教育中定位为专业学位，与普通教育既区分又合理对接，深化教育体系的双轨制，促进教育过程与教育结果的公平。

学士学位授权分为新增学士学位授予单位授权和新增学士学位授予专业授权。为本科层次职业学校学生学位授权本科学士学位，是一项富有改革与创新的工作，但对本科层次职业院校来说，具有一定的挑战性，主要体现在以下三方面。

1. 高校办学条件要求的考验

根据国务院学位委员会的规定，省级学位委员会首先需要负责审核高等学校的办学条件是否达到学士学位授予的标准，即对学士学位授权单位进行审核，具体的审核内容虽然在我国不同省份之间存在一定的差别，但核心审核内容包括高校办学方向、师资队伍、基础条件、管理体系、实验实训、科研成果、办学经费等，每一种情况都有明确的要求。普通本科教育与职业教育立足于不同的知识生产模式：普通高校本科教育更加重视学科知识的生产与传播，十分重视师资队伍条件，如师资的学历结构、职称结构、教学水平、科研水平等。本科层次职业院校更加重视实践技能提升，在实验、实训方面具有明显优势，如果以与普通高校同一性的标准来审核，对本科层次职业院校来说具有一定的挑战性，必须用面向教育过程和教育结果的质量观来保障人才培养质量。

2. 人才培养目标的差异较大

普通本科高校与本科层次职业院校在人才培养目标上存在较大差

异。普通本科高校主要培养知识型人才。普通高校学生申请学士学位时，重点审核其专业核心课程、毕业论文（或设计）及外语能力等方面，这也与普通高校本科层次人才培养的目标具有一致性。本科层次职业院校人才培养的定位是，在中等职业教育、专科层次职业教育的基础上的高层次技术技能型人才，内在地要求知识、技能、能力和价值观等方面协调发展，共同形成良好的综合素质。本科层次普通高等教育与本科层次职业教育人才培养目标的差异性，对本科层次职业院校在学士学位授予的细则制定方面提出挑战，其解决的思路是既要保证教育过程中的质量，也要能够满足本科层次人才培养的社会需求、职业需求，进而综合制定本科层次职业教育学位授予的要求。

3. 学科门类划分不同的挑战

高等教育学位授予以学科门类为参考。学科门类划分也是高校学士学位授予必须明确的内容。当前普通本科教育按照学科大类划分，含"交叉学科"在内共有14个学科门类，在大的学科门类下进一步细化一级学科、二级学科及具体专业。职业教育目前是按照专业大类划分。教育部印发的《职业教育专业目录（2021年）》显示，高等职业教育包含19个大类744个专业[20]。高等职业教育已有的专业与普通高校的学科专业门类并不完全统一，如何确定本科层次职业教育的学士学位授予的门类是一个突出的问题，背后折射出是否能将普通高等教育与职业教育的教育结果置于统一框架下实现对接的问题。

二、职业技能的行业评价

行业对职业技能的认定是对技能评价的另一种重要方式。各级各类政府的人力资源和社会保障部承担了职业技能评估的任务。2021年，国家人力资源和社会保障部颁发了《国家职业资格目录》，任何个体可以结合该目录，对应联系相应的事实部门（单位），参加职业技能鉴定。如果通过职业技能鉴定，则可以获得相应的技能人员职业资格证书。此外，人力资源与社会保障部门还会对技能人员进行等级评定，并颁发相应的技能等级证书，作为技能水平的判断依据。

国际上，许多国家依据国家层面的资历框架，先后建立起不同行业资历等级标准，如新西兰、澳大利亚、英国等。国内也有一些行业，构建了行业资历等级框架，依据行业资历等级框架进行职业技能评价。行业资历等级标准是资历框架在某一行业的具体标准，是通过确定行业职能范畴和具体职能，构建基于资历框架等级和能力单元为要素的能力矩阵，并最终形成一个连续的、被认可的行业资历阶梯，为专业课程的开设和学时学分的确定提供标准，反映了具体行业的各职能对人才层次和质量的要求；简而言之，行业资历等级标准就是行业的能力要求，是行业发展所需能力的统一标准，是在不同的岗位中完成主要任务所需的能力要求及成效标准，由一系列的能力单元组成[21]。

随着社会对技能人才的重视，国内多地出现了行业认证联盟。2023年3月6日，珠澳职业技能等级认定联盟正式成立，提出创新推动两地技能人才工作全链条全要素全时空合作，实现两地技能人才互通互认，为促进珠澳产业高质量发展提供精准的技能人才支撑。据了解，珠澳职业技能等级认定联盟，是国内首个技能人才互通互认的区域性联盟，是由珠澳有影响力、有特色的行业组织、职业院校、企业等机构发起建立的公益性合作平台。

三、不同类别职业技能竞赛

职业技能大赛是依据国家职业技能标准，结合生产和经营工作实际开展的以突出操作技能和解决实际问题能力为重点的、有组织的群众性竞赛活动。国内根据组织的主体不同，可将其分为不同的类别和层级，分别是国家级、省级和地市级。技能评价活动确定参赛选手的排名，是一种常模参照性的评价活动。因此，对技能竞赛中的评价方式进行研究，可以为其他技能评价活动和职业教育、职业培训的改革发展提供参考。2020年12月，中华人民共和国第一届职业技能大赛在广州举办，并取得圆满成功。习近平主席向大赛发去贺信，贺信指出，技术工人队伍是支撑中国制造、中国创造的重要力量[22]。

职业技能大赛是职业院校特别重视的一项比赛，以赛促评，以赛促教，以赛促训，以赛促业，职业院校学生通过参加职业技能大赛，提升了自身技能，提升了就业竞争力和社会服务能力。对社会而言，职业技能大赛是对技能人才的重要评价方式，反映出国家对技能人才的高度重视。

第三节
资历框架制度的内涵要义

一、资历与资历框架

资历包括学历、文凭、证书，以及各种业绩，体现了成效为本的教育理念，强调以统一的资历框架等级和标准，对各类学习成果给予评估和认定，承认所有终身学习方式的合法地位和价值，使学习者的学习成果得到教育机构、企业和社会的共同认可，促进不同教育类型、不同学习形式之间的纵向衔接和横向沟通[23]。资历等级划分主要参照知识、技能、能力和价值观四个方面，对资历进行区分，进而与高等教育体系中学位制度形成沟通。资历不仅包括正规教育的学习成果，也包括非正规教育、非正式学习的成果，非正规教育和非正式学习衍生的各类证书或成果证明，例如继续教育证书、职业技能等级、企业培训证书、创新创业成果、奖项和业绩、MOOC 课程学习等，也被纳入在其中。

资历框架是通过提供一个协调、整合和可比较的资历等级系统，形成普通教育、继续教育、职业教育和培训之间的知识、技能和能力的统一评价标准，资历框架旨在建立普通教育、继续教育、职业教育和培训之间衔接和沟通的终身学习体系，实现普通教育、继续教育、职业教育和培训之间的学分积累、互认以及转换，由此为人们搭建灵活弹性的终身学习阶梯。既可以保证各级各类教育的质量，也能为各类教育的学分学时累积、转换和认证提供平台，从而促进个人的终身学习[24]。

二、资历框架制度的重要意义
（一）为不同群体生命历程中成长成才提供基础

资历框架旨在建立普通教育、继续教育、职业教育和培训之间衔接和沟通的终身学习体系，实现普通教育、继续教育、职业教育和培训之间的学分积累、互认以及转换，由此为人们搭建灵活弹性的终身学习阶梯[25]。自从班级授课制出现以后，学校成为主要的教学场所，人们重视学校教育机会，教育视野局限在国民教育体系的范畴。国民教育体系主要是指国家通过制度或法律的形式，对本国所有享有公民权利的人所提供的一种不同层次、不同形态和不同类型的教育服务系统。从主要内容上来看，国民教育体系的主要组成部分是普通学校教育系统，包括学前教育、九年义务教育、高中教育和普通高等教育。学校教育通常只能够提供给适龄群体接受教育的机会，具有阶段性、制度化的特点，许多贫困地区的孩子、残疾人、老年人等弱势群体会被挡在学校教育的门外。

资历框架立足终身教育体系范畴，不仅涵盖了国民教育体系，此外更大范围地囊括了职业培训、社区教育、老年教育等非正规教育和非正式学习，是教育机会在时间和空间方面的延伸。所有人只要有学习的意愿，在人生的不同阶段，都可以接受到教育，打破时空限制，自主地选择自己需要的学习内容。越来越多的企业、社区、开放大学、老年大学都承担了人们终身学习的重要任务。在终身教育体系范畴下，人们即使没有抓住学校教育的机会，依然可以通过基于互联网的自主学习或选择不同终身教育实践载体，接受继续教育，并通过资历框架让各种路径获得的学习成果得到积累、认证和转换，为个人就业、成长和成才提供阶梯，提升个人在就业市场上的竞争力，从教育输出端提供了促进教育公平的途径。

（二）为各级各类教育衔接和学分互换提供标准

资历框架包含学历教育学习成果、非学历教育学习成果，以及无一定正式形式的学习成果，如工作经历、工作经验、工作技能、技术创新、技术成果、发表作品、文化传承、竞赛奖励等，立足教育资源的多元供给为各级各类教育之间的衔接与互换提供保障[26]。智能时代在大数据、人工智能、区块链等新兴技术保障下，学习路径逐渐多元化，学习结果得到充分尊重，无论是学习者获得的电子课程证书、电子档案包、纳米学位、MOOC徽章、开放教育徽章等[27]，还是在企业中接受到的培训或继续教育，都可以通过资历框架得到认证，可以说，通过终身学习资历框架可以保证正规教育和非正规教育、正式学习和非正式学习、在线教育和线下教育等各级各类教育与学习的公平对接，基于统一的标准实现各种学习成果的互认与转换，从而为各级各类教育资源供给者彼此沟通搭建了立交桥，构建起面向全民的现代终身学习体系，满足全社会成员个性化终身学习的需要。基于资历框架，本科层次职业教育可以在横向上与普通高等教育学位对应，专科层次和本科层次职业教育分别对应不同的知识、技能、能力和价值观的要求，制定人才培养目标，当达到本科层次人才目标即可授予学士学位；在纵向上，专科层次职业教育与本科层次职业教育进行对接，无论是校内的专业知识学习，还是校外实验实训等，都是学习的重要方式，使得专业的学习与实践贯通，形成畅通的成长体系。

（三）为面向未来完全学分制教育改革提供支撑

学分制改革是教育实践领域一项重要的改革，即用学分来作为学习的计量单位，并根据学生活动的学分情况检测学生的学业情况及资历情况。资历框架体系的基础层次是学分银行系统，学分银行系统包括资历和学分的计算标准、资历和学分的认证标准以及资历和学分的转化标准[28]，学分银行系统关注学习者学分的记录、积累、转换和认证。在智能时代，数字化学习成为重要趋势，数字证书也成为未来教育发展与评价的重要方式，学分银行系统基于区块链技术，具有不可篡改、透明化的特点，使得人生的不同阶段、不同类型、不同方式的学习都能够存储或转换为相应的学分，个人获得的电子证书、课程认证或学位都能得到认证，学习的主体性得到充分尊重，全社会优质的教育资源得到更广泛的分配和使用，为智能时代的终身学习体系和学习型社会建设赋能。

第四节
陶行知教育思想对技能人才评价的启示

本书立足于陶行知职业教育思想和资历框架制度，提出技能人才评价的策略与建议。

一、划分资历等级，有效衔接学历层次

建立职业教育资历框架制度，完善行业标准，建立专项的职业能力考核规范，如一些新兴的职业，需要与时俱进，提高相应的能力发展规范。例如 2020 年 6 月，我国人力资源和社会保障部向社会发布了我国第一个在线教育职业——在线学习服务师，将其定位为互联网时代学习支持服务者，李爽等在"互联网＋教育"变革的视野下，对该职业从业人员的现状与需求、职业定位与特点等进行了探索，提出在线学习服务师具有知识密集型、高技术含量、数据驱动、职业方向多元四个特征，并构建了在线学习服务师职业标准框架[29]。职业标准框架可以进一步细分为资历等级，等级从低到高，与专科、本科、研究生学历进行对接，实现从学历层面对技能人才的评价。

二、细化资历单元，完善行业能力标准

行业资历等级标准是国家资历框架在某一行业的具体标准，通过确定行业职能范畴和具体职能，基于国家资历框架等级标准和具体的行业岗位用人要求，建立以能力单元为核心的能力矩阵，形成一个连续的、被认可的行业资历阶梯，反映行业各职能对人才层次和质量的资历要求。行业资历框架标准由人社部、教育部联合相应部委联合开发，例如：教育部和人社部联合开发《国家教师终身学习资历框架标准》；农业农村部与人社部、教育部联合开发《国家农业人员终身学习资历框架标准》；卫健委与人社部、教育部联合开发《国家医护人员终身学习资历框架标准》；司法部与人社部、教育部联合开发《国家司法人员终身学习资历框架标准》。

行业资历等级标准由行业、行业方向、职能范畴、职能等四个核心要素组成，细化了具体的职业能力，不同资历等级对应不同的能力单元，本科层次的职业教育的具体标准对应不同的知识、技能和能力，

专科层次的职业教育对应不同层次的知识、技能和能力。行业细化的标准能够帮助学校、教师进一步明确教学内容，也有利于在授予学生学士学位时，清晰知道每一个等级的能力要求，通过具体的课程开发实现学习者职业能力的提升。

三、依托信息技术，保障学时学分透明

资历框架制度下包含学分银行制度，学分银行制度通过对不同学习成果的累计、认证和转换，帮助个体实现终身学习[30]。近年来，具有去中心化、独立性、匿名性等特性的区块链技术广泛运用于学分银行中，助力学习者将本科职业教育不同阶段的学习或获得的资格证书，转换为相应的学分，存储在学分银行中。存储其中的数据或学分信息具有不可伪造、公开透明的特征，保障了学时学分的透明性。不同的学时与学分，反映了个体技能学习或训练的过程，为进行职业技能评价提供了基于证据的参考。例如，在构建的本科层次职业教育学生学士学位的评审细则中，可以明确不同资历下对应的学分，及具体资历对知识、技能、能力及价值观的要求，进而对接学分银行中的学分并进行学位认证。

四、以成效为导向，保障教育过程质量

资历框架以成效为本理论为基础，所谓的成效为本教育理论，有时也称作"成果导向教育理论""基于成效的教育理论""成效为本评价理论"，最早是由美国学者斯拜迪（Spady）提出的。他认为教育系统或教育组织机构的一切活动应该围绕学习者在学习经历结束后能取得的成效展开，这种方法要求教学人员需要确定当前专业领域学生必不可少的技能，学生毕业后所必要的技能，据此设计教学目标和任务，通过组织和操作，使得每个学生能成功地展示学习经验，在学习开始

就能够清晰知道做什么,最后评估是否达到预期的学习目标[31]。

20世纪90年代以后,成效为本教育理论被引入高等教育领域及终身教育领域,是资历框架中保证各类学习成果公平对接的理论基础。无论学习者采用何种学习方式,只要达到相应学分的学习成效目标要求,就能获得相应的学分。成效为本的教育评价包括三个步骤:第一,清楚地描述预期的学习成效目标,应用合适的行为动词描述学生需要达到的成效程度;第二,为学生创造达到学习成效的学习环境,基于成效目标设计相应的学习活动;第三,评价学生是否达到了预期的学习成效目标,并将评价结果转换为标准的学分。

为了保证不同类型学习成果的可比性,确定清晰的可评定的学习成效目标是关键。学生达到预期的学习成效目标,就能获得相应的学分。基于成效为本的理论,在本科层次职业教育中可以从课程、专业及人才培养的不同层次确定成效目标,基于行业资历等级标准的能力单元要求,就是学习成效需要达到的预期学习目标,能够保障本科层次职业教育的质量。

本章小结

技能人才的评价有利于提升职业院校学生的技能水平,提高其就业能力和社会服务能力,国家应给予技能人才高度认可以及相应的技能等级鉴定,配套相应的绩效激励,以激发技能人才的积极性和创造力,营造良好的技能社会的文化氛围。值得指出的是,当前在实践中还存在技能人才评价体制机制不完善的地方,也存在评价反馈作用不足之处,未能真正发挥好技能人才评价的作用。基于职业教育资历框架和行业资历框架制度,构建更加完善的人才培养体系和标准,促进技能人才的评价,使得全社会迸发活力。

参考文献

[1] 张元宝.技能型社会建设的教育支持研究[J].职业技术教育,2021,42(25):54-60.

[2] 张祺午.建设技能型社会先要做好职业教育文化传播[J].职业技术教育,2021,42(24):1.

[3] 王亚南.本科层次职业教育发展的价值审视、学理逻辑及制度建构[J].中国职业技术教育,2020(22):59-66.

[4] 张翠琴.德国应用科技大学研究[D].重庆:西南大学,2008.

[5] 曾姗,杨晓荣,闫志利.中高本课程体系衔接的域外经验与我国实践研究[J].中国职业技术教育,2017(5):62-67.

[6] 姚加惠.略论俄罗斯各级各类高等教育的衔接与沟通:基于课程与制度的视角[J].西南交通大学学报(社会科学版),2012,(1):71-75.

[7] 张茂刚,陈炜.日本建工类高职教育专业课程体系研究[J].无锡商业职业技术学院学报,2014,14(5):90-92.

[8] 周文斌,李宁."能力倾向下"中高本"协同发展的我国职业教育模式研究[J].企业经济,2022,41(3):141-151.

[9] 何静.区域性中高本有机衔接的现状、问题及策略[J].教育与职业,2016(4):31-33.

[10] 郑广成,朱翠苗.中高本"多层立交、互融贯通"衔接体系的研究[J].职教论坛,2017(24):30-33.

[11] 吴岳军,王超.中高本贯通:传统工艺传承人培养体系的构建:类型教育理念中的实践探索[J].教育学术月刊,2021(12):55-59+79.

[12] 侯光,鲍泓,王红蕾,等.中高本衔接框架下的中职电子商务职业教育教学探索与实践[J].中国职业技术教育,2015(11):5-10.

[13] 王春燕.我国职业教育中高本衔接现状分析与策略研究[J].中国职业技术教育,2016(27):24-26.

[14] 吕俊峰,濮丽萍,孙小娅.现代职教体系背景下中高本衔接人才培养研究[J].教育与职业,2017(14):57-60.

[15] 徐承建,许荣广."中高本"衔接协同创新足球特色人才培养模式的探索[J].广州体育学院学报,2017,37(4):107-109+119.

[16] 同[8].

[17] 张红蕊,唐志远.职业教育中高本衔接的现状与发展策略[J].教育与职业,

2017（19）：31-35.
[18] 同［11］.
[19] 邝卫华,孟源北,李国斌.职业教育中高本衔接问题与对策思考[J].职教论坛,2017（25）：61-63.
[20] 教育部.教育部关于印发《职业教育专业目录（2021年）》的通知［EB/OL］.（2021-03-17）［2023-06-20］.http://www.moe.gov.cn/srcsite/A07/moe_953/202103/t20210319_521135.html.
[21] 赵倩.行业能力标准建设：内涵、挑战与出路［J］.成人教育,2020,40（5）：20-26.
[22] 翟涛.构建中国职业技能竞赛体系［J］.职业,2022（20）：10-14.
[23] 张伟远.国家资历框架的理论基础和模式建构［J］.中国职业技术教育,2019（18）：28-35+45.
[24] 张伟远,段承贵.终身学习立交桥构建的国际发展和比较分析［J］.中国远程教育,2013（9）：9-15.
[25] 张伟远,谢青松.资历框架的级别和标准研究[J].开放教育研究,2017,23(2)：75-82.
[26] 同［25］.
[27] 同［25］.
[28] 谢青松.基于终身教育资历框架的MOOC学习成果认证与衔接［J］.中国职业技术教育,2019（9）：20-27.
[29] 李爽,王海荣,崔华楠,等.在线学习服务师职业标准框架探索［J］.中国远程教育,2021（3）：12-23+76.
[30] 同［23］.
[31] 周洪宇.学位与研究生教育史［M］.北京：高等教育出版社,2004：16.

第七章 陶行知教育思想对乡村劳动技能提升的价值

【内容提要】

提升乡村劳动力技能，是服务乡村振兴国家战略的内在要求，是激活乡村人力资本的关键，是促进个人终身成长的重要途径。当前，存在乡村劳动力技能提升缺乏系统性，技能提升培训形式单一且培训结果评价和效益转换不足的问题。基于陶行知先生提出的"小先生制"、乡村教育的思想，可以从政府、社会和个人三个角度出发，促进乡村劳动力技能提升，助力乡村振兴国家战略。

第一节
新时代中国乡村劳动力技能提升的价值

党的十九大报告中，将乡村振兴战略上升为国家发展战略，提出了"加快推进农业农村现代化"的要求。习近平总书记在党的二十大报告中再次对推进乡村振兴作出了深刻论述和全面部署。在这个战略目标的实现过程中，所需要解决的问题有很多，但其中核心问题无疑是人的问题。从根本上说，乡村振兴的起点与归宿都在于人，这也意味着，我国必须实现农村"人"的现代化。提升乡村劳动力技能，是服务乡村振兴国家战略的内在要求，是激活乡村人力资本的关键。

一、服务乡村振兴的国家战略

新时代，我国乡村振兴取得重要突破，但依然存在城乡收入悬殊，城乡之间发展不平衡，不能满足广大农村居民对美好生活需要的现实问题。一些偏远落后的区域，大量的乡村劳动力选择外出打工，造成劳动力流失，导致乡村难以实现内生性发展。随着我国乡村振兴战略的全面推进，对乡村劳动力开展技能提升的培训，教会他们科学的种植技术、养殖技术等，通过切实的手段来促进农业的全面升级，让农村能够实现全方位进步，让农民能够实现全面发展成为当务之急。

二、激活乡村人力资本

马克思把"人的自由与全面发展"作为超越现代性的价值追求，这也为农村现代化建设提供了根本的价值取向与实现途径。农村的发展主力军是农民，需要一批爱农业、懂技术且生产水平高的新型职业农民。因此，开展农村技能提升行动，有利于盘活农村人才，有利于农村社会风气的形成，增强农民的信心，同时可以转变落后的观念，自觉抛弃传统陋习，能够提升乡村经济收益，拓展乡村知名度，更能够将特色的本土文化或技艺传承，推进乡村振兴和民族振兴。

三、促进个人终身成长

随着信息技术与互联网技术的飞速发展，社会经济实现飞跃式发展，对个人而言，只有不断学习才能紧跟时代的步伐。开展乡村劳动力技能提升，提高乡村劳动力综合素质、增强技能本领、拓宽就业创业渠道，是个人终身成长和发展的有效路径。

第二节
新时代中国乡村劳动力技能提升的挑战

新时代中国乡村劳动力技能提升存在一定的现实困境。

一、乡村劳动力技能提升缺乏系统性

近年来，随着乡村振兴步伐的加快、加深，通过开展培训，对乡村劳动力的技能进行提升受到广泛关注。从实践和已有的研究来看，政府对乡村劳动力职业技能提升培训的配套制度还不完善，具体表现在许多地区政府缺乏配套的经费支持[1]，使得对乡村劳动力的培训一年仅两三次，不仅培训次数少，且非系统性，培训内容零散，很多农民具有学习的意愿，但是受限于时间、经费等条件，无法持续开展技能提升的学习。

二、技能提升培训形式单一

乡村劳动力技能提升通常以培训的形式展开，在培训过程中，往往会邀请农业生产的专业技术人员，开展一些热门的技术，但是由于缺乏针对性的调研，提供的技能培训一方面不符合实际需求，另一方面并不能转换为一定的社会收益，无法激发农民的积极性，也不利于培训效果的提升，有时候甚至流于形式。

三、培训结果和效益转换不足

评估的过程能够检验培训的效果，通过培训之后带来的显著性收益更能激发劳动者积极参与。在实践中，很多乡村劳动力的技能培训缺乏评估的环节，劳动者并不能清晰地知道自己是否掌握了某项技能，能否运用于生产实践，导致农村群众参与培训的积极性不足。此外，乡村地区还有一些本土特色的技能，如手工编织等，未能将这些技能转换为实际的经济收益，使得乡村劳动力难以留守乡村。

第三节
陶行知的生活教育思想和劳动教育思想

20世纪30年代，陶行知为了普及民众教育，根据我国国情提出"小先生制"的教学理念，并于1932年在山海工学团中推行"小先生制"教学模式。"小先生制"即让小孩子担任"小先生"，把自己学到的知识教给没有学过的大人和小孩，快速普及简单的知识。陶行知认为小孩子拥有较强的创造力，不应该小看他们，并把小孩作为普及民众教育的主力[2]。为了说明"小先生制"在普及教育中的作用，他列举了三例小孩教大人和同龄人的例子。此外，陶行知还阐述了用"小先生"普及民众教育的四个优点，强调小孩最好的先生就是最进步的小孩[3]。为了推行"小先生制"，陶行知多次强调让那个小孩成为"小先生"的必要性并为"小先生"教学提供方法论指导。为了消除人们的偏见、鼓励小孩成为"小先生"，陶行知还专门写了《小先生歌》。实践证明，"小先生制"的教学模式传播知识效率较高，为扫盲工作做出了巨大贡献。

随着实践的发展，"小先生"不仅限于小孩子，而是一切有知识的人，都可以"即知即传"的方式向其他人传授简单知识，这种教学方式强调能者为师，担任小先生的可能并不是专业技术人员，小先生具有灵活性。

第四节
陶行知教育思想对乡村劳动力技能提升的启示

一、政府：整合各界力量，完善服务平台

政府要积极出台多项政策，保障乡村劳动力技能提升行动的常态化和可持续化。政府提供乡村技能提升相关培训时，可以整合当地的文化部门、农业部门、科技部门以及中小学校等优质的教育资源，针对当地职业农民技能提升的需求及特点，提供综合性的学习服务，并提供一定的经费保障。随着5G技术的发展，科技兴农成为重要的发展路径，政府应加大政策引导和管理，鼓励农民通过移动设备学习了解农业管理与生产的知识，拓展培训的时间和空间，增强培训效果。

二、社会：深化劳动意识，促进互助学习

社会要积极营造劳动力技能提升的风尚，要加强宣传引导，树立

新型乡村农民典型，定期组织经验分享与交流。创新乡村劳动力技能提升培训的内容，充分利用乡村本土化资源，立足乡村本土的实际情况，建立系统化培训课程，面向不同的群体，分为低阶技能提升和高阶技能提升。对于新型职业农民，要注重信息技术与农业生产结合，培养一批懂技术、有文化的职业农民。优化培训方式，分层次培养，依据培训内容，将手把手教、模拟示范、理论授课等结合起来，增强社会劳动意识和乡村学习氛围。

三、个人：加入学习社区，主动联通知识

在互联网时代，知识已经不再是传统意义上的相对稳定的、结构化的知识，知识具有更广泛的界定，一切有价值的信息、知识及技能都可能成为知识。随着人工智能技术的发展和信息的快速更迭，无论是在现实世界还是虚拟世界，人、信息、工具之间都可以构成复杂的网络，丰富的个人经验也具有重要的价值，通过群体的智慧汇集新的知识并向更深、更广的层面传递。乡村劳动力要打破个人思想局限，虚心向有经验的同伴学习，发挥"小先生制"的作用，要注重与社会的联通，积极地加入不同的在线学习社区中，在共同体中与同行合作学习，形成互学互助的教育新生态。

本章小结

在乡村振兴的国家战略下，开展乡村劳动力技能提升，具有重要的现实意义。乡村劳动者的技能提升以陶行知劳动教育思想和"小先生制"为指引，能够促进乡村内质性发展。

参考文献

[1] 孙道亮. 乡村振兴战略视角下农村劳动力职业技能提升培训研究[J]. 智慧农业导刊，2022，2（22）：126-128.

[2] 周洪宇. 陶行知教育名篇精选[M]. 福州：福建教育出版社，2013：374-377.

[3] 陈波. 陶行知教育文选[M]. 杭州：浙江大学出版社，2014：217.

第八章 陶行知教育思想对中国式教师教育现代化的价值

【内容提要】

走好中国式教育现代化道路是我国教育改革和发展必须坚持的重要战略方针。中国式教育现代化内在要求落实立德树人根本任务、深化教育领域综合改革、办好人民满意的教育,其中离不开高质量的师资队伍,教师教育的现代化是实现中国式教育现代化的重要基础。智能时代知识的多元化、学生的个性化发展以及教学的时空灵活性对教师教育提出新的要求。厘清中国式教师教育现代化的内涵,是明晰其应然状态,分析中国式教师教育现代化的挑战,从实然状态出发,探寻发展路径。陶行知先生是我国近代伟大的教育思想家,他提出的生利教育的思想,对中国式教师教育现代化具有重要的当代价值。

第一节
中国式教师教育现代化的内涵

党的二十大报告提出中国式教育现代化道路,必须"坚持以人民为中心发展教育",中国式教育现代化是一种整体转换,这种整体性表现在教育内部的要素和机制上,也表现在教育系统与外部系统的协调平衡上[1]。中国式教师教育现代化具有以下特征:

一、根本任务:为国家培养高素质教师

中国式教师教育现代化的根本任务是为国家培养高素质教师,促进教育的高质量发展,服务于我国科教兴国、人才强国和创新驱动发展的国家战略。实现中华民族伟大复兴离不开高质量的教育,离不开高素质的教师队伍。高素质的教师队伍首先是要具有高尚的师德师风。师德师风是教师的第一标准,师德师风的养成是中国式教师教育的重要内容。在教师人才培养的过程中,把立德树人融入教育的各个环节中,锻炼职前教师的品德,增强教师身份的认同,深化对教师职业的情感,通过教书育人,身体力行,行为示范。高素质的教师队伍其次是要具有扎实的专业素养和专业技能。教师的专业素养和专业技能体现在其教书育人的过程中,渗透到课堂教学、班级管理、家校交流等方方面面,是为学生构建良好成长环境、助力学生身心健康成长、培养创新拔尖人才的关键。高素质的教师队伍再次是要对自我、对社会具有高度责任心。教师面向的是学生,国家未来的希望,除了自身具有积极向上的正能量外,还应不断学习和丰富自己本学科的专业知识,积累与教育学相关的知识与技能。随着信息技术的发展,还需要具有一定的数字素养,学会利用信息技术与教育教学深度融合,才能更好地为国家培养人才。

二、基本立场：坚守特色扎根中国大地

党的二十大报告提出中国式教育现代化道路，必须"坚持以人民为中心发展教育"，中国式教师教育现代化，必然遵循中国式现代化的基本内涵和本质要求，基本立场是扎根中国大地，为国家为人民培养高素质教师。迈入中国特色社会主义建设的新时代，我国提出科教兴国、人才强国和创新驱动发展的国家战略，教师教育现代化是服务于国家的重大战略，关乎我国教育现代化的实现。此外，立足我国国情和社会发展实际，我国教育的高质量发展进程中还存在诸多困境，例如我国基础城乡义务教育尚未完成全面的优质均衡，高等教育在拔尖创新人才培养方面存在一定不足，在师资力量、教育资源等方面还存在着东西部、城乡差距，社会大众对教育公平呼声不减，从这个意义上，推进中国教师教育的现代化，是深化教育改革，服务于扎根中国大地的实践，结合实践现状，从利益相关者角度出发，通过教师队伍的建设实现基础教育的优质均衡和高等教育的创新发展。

三、核心理念：创新与可持续发展

我国的教育致力于可持续性发展目标，中国式教师教育是面向未来、不断探索与创新的发展方向。随着人工智能技术的发展，为了更好地应对不确定的未来，世界各国都提出培养具备多元知识和高阶技能人才的教育改革目标。我国也将培养具有核心素养的中小学生作为教育改革的重要内容。回到教师教育体系中，对师范生或职前教师的培养提出新的要求，内在地要求中国式教师教育也朝着培养具有问题解决能力、创新能力、批判性思维能力的教师发展。此外，数字技术发展推动教育的服务模式、供给服务和管理模式发生巨大变革，要求

教师具体一定的数字素养。教师的数字素养是增强我国教育数字化能力、提升教育竞争力和软实力的抓手，是构建高质量教育体系的基础。教师不仅要具有一定的数字意识，更要学会使用数字技术，利用数字技术与教育教学深度融合。中国式教师教育的现代化是伴随着社会改革发展的步伐，不断挑战、与时俱进、可持续发展的现代化，中国式现代教师必将涵养全球视野、人类情怀和世界主义，并致力于培养促进人类文明进步、世界和平发展和地球可持续生长的时代新人。[1]

第二节
中国式教师教育现代化的新要求

教育观念在教师教育的人才培养中发挥着重要指引作用，人工智能技术的发展，推动了知识观、学生观和教学观等教育观念的改变，对教师教育人才培养提出新的要求。

一、智能时代知识观：联通多元化知识

传统观点认为知识是人类智慧的提纯，由特定的群体，通常是知识分子，对知识进行总结、凝练，完成知识的生产，形成不同的学科知识体系，通过文字等媒介工具及教师这一特定群体进行知识传递，在一系列的讨论、思维碰撞、假设检验等过程中促进知识的创造与再生产。20世纪90年代，英国学者马克尔·吉本斯等人提出了知识生产模式转型，他认为资本的拥簇促使知识生产模式从"模式Ⅰ"向"模式Ⅱ"进一步过渡，其中"模式Ⅰ"是以特定学科为基础，学科内的知识生产以学术研究为主要目的，"模式Ⅱ"是由不同的学科体系专

家学者在交流与合作中共同创建的[2],"模式Ⅱ"凸显出知识的生产逐渐从封闭走向开放。

在智能时代,随着网络技术与智能技术的发展,知识的类型、生产方式和传递方式都发生了巨大的改变。知识不局限于书本之中,一切有价值的信息、理解、价值观和态度都可以看作知识[3]。知识既存在于个体的大脑之中,也存在于网络环境,每个人都是社会关系网络和知识网络中的重要节点,个体既是知识的生产者,也是知识的传递者[4],教师不代表知识的权威。知识以碎片化的形态在网络中产生、流动、发展和消亡,呈现出动态性与发展性。知识价值的评判也往往以是否能够满足个体需要为标准[5]。不仅是我们人类个体是知识的生产者,机器也可能通过自适应技术和机器学习的算法,产生对于个人来说有价值的信息。

智能时代知识观要求师范生自身秉承开放与联通的理念,打开物理空间限制,与更广泛的社会群体联通,在社会关系网络和知识网络中,找到并筛选出对自己有价值的知识。除此之外,新知识观要求师范生转变角色,面向未来的学生,他们不仅仅是知识的传递者,也是互联互通网络学习环境的创造者,要为具有相似经历、共同兴趣等的学生创建联通的桥梁,成为联通学习的引导者。

二、智能时代学生观:促进个性化发展

学生观体现了职前教师对在教育中培养什么人和如何培养人的理解,深刻影响师范生的专业发展。人是自由选择、自觉负责和自我超越的存在者[6],教育的根本目的是促进人的全面发展。全面发展是使个体潜能得到最大发挥以实现人生价值,也强调在不同群体之间教育结果的多元性。智能时代的教育要让学生在学习过程中形成独立的人格。学生的独立人格反映为学生的自主学习能力,并对自己的人生负

责的态度，看到自己的"闪光点"和"天花板"，选择适合自己的学习路径或学习方式。新的学生观要求教师站在学生群体中间，关注到每个人的特点，也尊重每个人的个性，不带着"高低""优劣""好坏"等群体比较性眼光审视学生，鼓励学生形成独立人格，确立自己的人生目标。

教育一直强调因材施教，传统的因材施教往往依靠教师自身实践经验，缺乏数据的支撑和可靠的分析，难以综合全面地记录和评价每一位学生在学习过程中的行为及表现。教育大数据采集和人工智能技术的广泛应用，可以实现对学习者全场景过程化的数据采集。在智慧课堂教学中，教师可以采集学习者的面部数据，识别学习者的注意力水平，根据学习互动情况，判断学习者的学习成效；在在线学习环境中，教师也可以更丰富地采集到学习者学习过程的行为数据，例如学习系统登录时间段、资源浏览时长、练习测评频次及结果等，基于对数据的分析，构建学习者个性化画像，智能地向学生推荐学习内容，提供个性化的学习辅导，基于学习者学习过程的电子档案袋，提供个性化学习评价。人工智能技术作为工具，能够赋能教育评价，实现大规模学生个性化发展。作为主体的未来教师，更需要确立促进学生个人潜能发挥、个性化发展的学生观。

三、智能时代教学观：增强时空灵活性

智能时代多样化的教学媒介的出现使得移动学习、泛在学习成为重要的学习方式，网络环境已经成为重要的学习场景。在网络环境中，存在海量优质、免费的教育资源，在线学习不再是疫情防控期间的替代性学习形式，而是与课堂教学紧密结合。线上线下混合式教学形式成为高校教学新常态，弹性学习与主动学习也是未来教学新形态[7]，这些改变内在地要求师范生自身要适应时空灵活的学习方式。师

范生要在多元的学习空间中，找到适合自己的学习资源；在复杂的网络中，灵活自主地找到有价值的知识；与自己兴趣爱好相同或经历相似的人，构建自己的社会网络与知识网络，开展探究学习、合作学习等。

人工技术的延伸和不断演进，也要求师范生需要具备创新教学的素养及数字化胜任力[8]，未来在正式的教师工作岗位中，能够探索如何利用新技术开展教学创新，将虚拟与现实的场景融合，延伸学习的时间，拓展学习空间，同时面向不同年龄的学习者，筛选优质的立体化学习资源，开展智能协作，以更加灵活多样的方式实现不同形式的教育同质等效。

综上，智能时代教育系统性变化内在地要求师范生转变角色，从传统的以"教"为中心转向以"学"为中心，从学科知识的传递者转变为学生知识网络的塑造者、引导者，重新定位和审视学生及教学，更好地适应未来教育的需要。

第三节
中国式教师教育现代化的挑战

中国式教师教育现代化是以高质量的师资队伍为基础的，然而当前教师教育中还存在一些问题，主要表现在以下六方面。

一、培养定位：秉承传统知识观开展顶层设计

当前师范类高校许多教师秉承传统的知识观，认为知识是相对稳定的，知识的生产方式依靠人的智慧来实现，学校是知识生产的重要场所，教师具有知识的权威性，这样的思想首先渗透到人才培养的设

计上。高校师范教育人才培养方案的修订工作，主要由二级学院中具体学科（如语文、数学、英语等）的专家或教师牵头，通过大规模访谈、问卷调查、实地考察等形式来获得社会对人才培养的需求，学科专家或教师将社会需求转换为对师范生的具体能力要求，开发人才培养方案，确定专业培养目标、课程设置、教学方式及教学大纲等。就人才培养方案的制定方法来说，传统社会需求调研的方法需要付出较高的时间成本和人力成本，往往投入大量人力物力修订的人才培养方案，可能已经滞后于社会对师范人才能力的需求。就人才培养方案的内容来说，一些高校尝试对语文、数学等非信息科学相关学科的师范生增加计算机科学技术相关课程的安排，期望提升师范生的智能化知识或能力，但也由此产生一系列问题，如人工智能相关课程与其他课程如何衔接、学习者是否有前置经验等。

二、培养过程：个性化指导与评价不足

尽管很多师范类高校已经开始探索智能时代的人才改革，但整体而言，缺乏显著性成效，对师范生的个性化指导不足。以师范生教学技能训练为例，师范生的教学技能是其未来胜任教师工作、成为合格或优秀教师所应具备的核心职业技能，也是其成为高素质专业化教师队伍一员的关键。高校对师范生的教学技能培养除了理论学习和教育实习之外，最重要的集中性训练是微格教学。微格教学通常集中在固定的地点，教师以同步或异步形式参与，对师范生的教学表现进行指导。但由于指导教师数量有限，且受到实训的时间与空间影响，很难实现对师范生个性化的教学表现指导，也缺乏对个体既往教学技能训练的系统化记录与比较，师范生难以清晰地看到自己的成长与变化。除此之外，当前对师范教育人才培养的评价方式仍然以传统的课程形成性评价与终结性评价相结合的方式进行，学生在不同的课程学习中，

遵循统一的评分标准，尚未形成学习者个人在学习过程中知识、技能与能力的增值性评价。

三、教学技术：缺乏对教学基础规律的认识

当前许多学者从不同角度讨论了高校开展混合式学习的价值、作用和方法等，许多高校都在积极开展混合式教学的探索，但在高校的混合式教学实践中，并没有真正关注到线上和线下教学的异同点，教师混合式教学能力仍处在探索阶段，尚未做好混合式教学改革的能力准备，大部分混合式教学就是将线上理解为直播教学或者学生自主观看教学视频，教学效果难以保障。当下很多研究让我们看到了人工智能技术能够赋能教育的场景，如人工智能技术创设了新的教学情境，使得学习环境更加多元化、情景化和真实化，以及教育内容的自适应和教育评价的智能化等，这些是人工智能技术的发展带来的外显性影响，但是对于人工智能技术如何增进知识理解、改善学习环境及提升学习成效还缺乏深层认识，亟待加深基础规律认识，以跟上时代发展的步伐。

四、职业方向：个人稳定意涵超越教师职业归属感

"宇宙的尽头是编制"是后疫情时代中青年职业取向的代表话语[9]，编制代表了就业中的低风险和高保障，考教师编作为一种就业路径，近年来成为热潮，且在师范生中愈演愈烈。许多师范生将考教师编视为个人生存与未来发展的保障，在大学低年级阶段就确定了要考编的目标。通过对师范生的访谈可以发现，师范生对体制内工作稳定意义的感知强于教师职业本身属性。一些在职业取向上选择考编的师范生自身缺乏积极向上、集体主义的精神状态，且自身职业技能准备不足。教师考编竞争压力较大，一些师范生为了准备考编，投入大量的时间和精力进行复习备考，甚至大量做一些理论试题，为了能够

节约时间并能够如愿考上,一些师范生不能按时且高质量参与到学校安排的专业实践或实习中,更有甚者弄虚作假,提供假的实习实践证明,削弱了其自身的教师能力。功利主义的就业思想弱化了师范生对教师教育工作社会意义的理解,对社会发展和教育的发展来说都是不利的。

五、职业技能:数字化发展导致职业技能不足

互联网、人工智能技术的飞速发展,对教育教学产生了颠覆性影响,变革了教学组织形式,需要师范生具备一定的数字技能。而传统师范类院校更重视学生基于课堂的教学能力,如写粉笔字等。2004年,美国国际培训、绩效和教学标准委员会(IBSTPI)为应对教学环境的改变与新的要求,对1993年制定的教师通用能力标准进行了更新与修改,根据教师的职业和教学实践过程,划分为五个维度,共18项能力,用98条指标来具体表征。其中,五大能力维度包含了专业基础、教学的计划与准备、教学的方法与策略、对学生的评价以及教学管理。其中,四个维度的绩效指标都包含了教育技术能力,即教师所具备的教育技术的知识、技能以及态度,突出强调了教育技术能力在教师能力结构中的重要性。

六、职业观念:教的视角向学的视角转向

教学思维是教师在教学过程中通过主体认知处理各种教学关系和解决教学问题时,所展现的思维方式与思维观念,不仅是教育哲学和教师专业发展中至关重要的部分,也是高质量教育数字化转型的驱动力和保障,更是促进学生深度学习的重要途径[10]。在传统的教育体系下,师范生的人才培养一直定位在培养一个合格的未来教师,核心的培养目标是如何教。在开设的课程中,较多关注教学方法、教学技

能等，如现代教育技术应用课程，教学生如何进行课件制作、如何进行微课的设计与开发等，较忽略学生的学习，师范生的教学设计也往往从"教"出发，忽视让师范生去关注他们即将面对的学生是如何学，如何改变学习环境设计才能让学生更好地学习，更加高效地学习。

第四节
陶行知职业教育思想的内涵要义

一、本体论：生利主义

职业教育的本体论是回答职业教育是什么的问题，即对职业教育本质的理解。陶行知于1918年11月3日在《教育与职业》第1卷第8期发表《生利主义之职业教育》一文，这篇文章系统地阐述了其对职业教育本质的理解。在文章中，陶行知提出"职业以生利为作用，故职业教育应以生利为主义"[11]。生利是指为国家、社会及个人创造财富与价值，他认为职业是生利的事情，职业教育的本质是生利主义。生利不仅是实现个人的价值，更指向对群体、对社会和国家的价值。"使他们为自己生利，为社会生利，为国家生利，为民族生利。"陶行知进一步解释了生利主义不同于生活主义和衣食主义，他指出："生利主义即无生活主义之宽泛，复无衣食主义之丛弊，又几兼二者之益而有之，岂非职业教育之正当主义乎？"生利不仅是物质上的利，更指向精神上的利，呈现积极向上、集体主义的风貌。

二、目的论：利群与乐业

陶行知提出生利主义的核心精神是利群，他提出"群需可济，个性可舒"。他认为职业教育"生利"不仅是为自己生利,更是要"侧重发舒内力以供群需",有利于群众,为社会与国家生利,从而达到教育服务社会,教育改造社会的目的[12]。他强调要从国家和社会的需要出发选择职业,认为"职业教育既以养成生利人物为主义,则其注重之点在生利时之各种手续,势必使人人于生利之时能安乐其业,故无劳碌之弊"[13]。在职业中,个体要关注自己的精神追求,如果仅仅重衣食而不重精神,内心就会劳碌无趣,这不是真正的职业教育[14]。对个体而言,职业教育不仅要向外利群,也要对内乐业。

三、方法论:专业技能发展

陶行知指出职业教育的发展离不开学生专业技能的提升,"学生择事不慎,则在校之时,学不能专;出校之后,行非所学",如果在学校时学而不专,技能未达到要求,那毕业之后很难实现"生利"。他认为"职业教师之第一要事,即在生利之经验",有"改良所产事物之责",职业教师不仅要自己具有职业技能,更要能与时俱进,教会给学生更多符合时代发展要求的知识与技能,才能让学生更好地"生利"。他提出要设置实习期,"实习时期可随遇伸缩,多至半载,少至数星期皆可",经过实习既是让学生体会到具体职业的乐趣,让学生更好地学习,也是提升其职业技能,"学而安焉,行而乐焉,其生利之器量,安有不大者哉?"

第五节
陶行知教育思想对中国式教师教育现代化的启示

陶行知生利主义思想以为社会和国家创造价值的"生利主义"为

核心，关注个体的物质和精神，重视个体的兴趣，并且强调不断提升职业技能，以更好地满足改造社会和服务社会。中国式教师教育现代化的发展离不开明确的目标、规范和行动路径，依据陶行知先生提出的"生利主义"的思想，对师范院校开展教师教育有以下几点启示。

一、确立培养面向教育高质量发展卓越教师的目标

陶行知认为职业应该是利群的，利群是需要把个人的自我发展与国家、民族的伟大复兴融为一体。教师教育是一个利群的工作，教师教育的过程中，应该帮助师范生建立起合理的职业取向和人生价值。陶行知把自我追寻与国家、民族重建融为一体。"应群需"是一种利他道德，教师教育的人才培养中，强化立德树人的根本任务，努力培养面向未来、有理想信念、有道德情操、有扎实学识、有仁爱之心且能够较好地适应智能社会发展的好老师。教师要在共同体生活中，从国家、民族整体发展需要的角度来规范自我的行动，舍弃一己私利，为社会发展、国家民族复兴做出自己的贡献。

二、以适应需求为目标，促进师范生数字技能提升

中国式教师教育现代化要不断增加社会主义因素，以缩小城乡教师教育资源发展的差距，推动教育优质均衡发展，实现社会公平正义。中国式教师教育现代化要建基于中华优秀传统文化之上，继承和发扬优秀传统教育思想理念，充分挖掘优秀传统教育思想的时代价值。高校要创新智能环境，为师范生理解和适应智能化时代的变革奠定基础。2021年，教育部等六部门联合发布了《关于推进教育新型基础设施建设构建高质量支撑体系的指导意见》，将基础设施建设如硬件设备、软件工具和数字资源等方面的建设作为高校的发展方向。师范类高校可以基于人工智能技术，搭建智能化学习空间，支撑不同形式的

教学创新。在教学过程中,教师利用虚拟现实技术、可穿戴技术、语音识别与合成技术、智能传感技术等,让学习者感受到多样的感官刺激,增强学习体验,通过"拟人化"的互动,促进学生深度学习。高校可以在已建成的覆盖学生从入学到毕业的一体化的教学与管理服务信息系统基础上,融入自然语言处理的关键技术,如知识图谱,自适应评测师范生的知识、技能与能力的发展水平,以图文自动化生成形式形成师范生个体阶段性学习报告,反馈给学习者。通过对师范生的教师评价、课程反馈及教学评价等文本信息进行情感分析或情绪计算,智能化预测学生的学习状态,实现大规模个性化的成长指导。师范生在自身体验到教学模式的改革后,自己未来才能够更好地去身体力行,探索如何有效、高效地利用人工智能技术与学科教学融合,促进学习者有效学习。

三、优化课程设计,创新教学评价

课程的再设计与教学模式的创新,是增加师范生对智能时代教育理解的关键。高校要优化师范生的课程设计,在师范生的人才培养方案中适当地增加人工智能技术相关课程的比例,部分信息技术与学科教学融合的课程可以作为必修课,一些计算机科学技术类课程可供感兴趣的学习者选修,拓展师范生的视野,依托智能技术设计整合技术的学科知识,发展学生的 AI-TPACK 知识[15]。在具体课程资源建设过程中,要注重预设性资源与生成性资源的比例。一直以来,高校十分重视课程建设的质量,尤其是在"金课"的倡议下,高校教师会预先完成资源的建设并提供给学习者。智能时代特别强调个体的观点、经验等也是有价值的知识,在课程教学过程中,开展智能协作,通过协同编辑与会话,生成很多有价值的内容,学生完成的作品,都可以成为下一轮学习的重要资源。评价是教学反馈环节,既是教学质量的评估，也是教学的闭环。授课教师在课程教学评价中，不仅可以基于多感官的数据采集，构建学习者画像，为学习者推荐感兴趣的学习资源，提供不同难度的学习资源，也可以开展基于大数据的问题诊断与回答，提供及时反馈，面向不同的学习者使用有针对性的教学支架，提供个性化学习评价，促进师范生个体的全面发展，培养师范生组织个性化学习的能力。

本章小结

陶行知先生是近代中国伟大的教育思想家，其教育思想博大精深，在今天依然熠熠发光，其职业教育思想对中国式教师教育现代化发展具有重要的价值。各级各类师范院校可以深入学习陶行知教育思想，结合中国式教师教育现代化内涵的解读，创新师范人才培养的模式，提升人才素质，为国家输送高素质的教师。

参考文献

[1] 孙杰远. 论中国式教师教育现代化[J]. 社会科学战线，2023（7）：226-233.
[2] 胡德鑫，纪璇. 知识生产模式的现代转型与研究型大学跨学科组织的建构[J]. 高教探索，2022（3）：45-53.
[3] 联合国教科文组织. 反思教育：向"全球共同利益"的理念转变？[M]. 北京：教育科学出版社，2017.
[4] 许玲，谢青松. 智能时代的教育公平：基本特征、制度保障及实现路径[J]. 成人教育，2022，42（2）：1-5.
[5] 陈丽，徐亚倩. "互联网+教育"研究的十大学术新命题[J]. 电化教育研究，2021，42（11）：5-12.
[6] 韩雪童. 大数据时代个性化学习的技术曲解、本源廓清与突围路径[J]. 电化教育研究，2022，43（6）：25-31+60.

[7] 黄荣怀,汪燕,王欢欢,等.未来教育之教学新形态：弹性教学与主动学习[J].现代远程教育研究,2020,32(3):3-14.

[8] 郝建江,郭炯.技术演进驱动教师素养发展的过程、路径及内容分析[J].现代教育技术,2022,32(7):22-30.

[9] 何海清,张广利.青年考编现象中的职业想象与内卷实践研究[J].中国青年研究,2022(12):84-91.

[10] 戴岭,张宝辉,杨秋.新课标背景下教学思维的时代意蕴、现实困境与突破路径[J].远程教育杂志,2023,41(3):75-83.

[11] 陶行知.中国教育改造[M].北京:人民出版社,2008.

[12] 申国昌,郑腾.陶行知的职业教育思想及其当代价值[J].职业技术教育,2022,43(27):67-75.

[13] 华中师范学院教育科学研究所.陶行知全集:第2卷[M].长沙:湖南教育出版社,1985:289-599.

[14] 赵婧,周洪宇.论陶行知对职业教育的先驱性探索[J].职业技术教育,2021,42(34):12-18.

[15] 罗强.智能时代教师知识结构的发展框架及其实现路径[J].现代教育技术,2022,32(7):31-39.

附 录

"技能中国行动"实施方案

技能是强国之基、立业之本。技能人才是支撑中国制造、中国创造的重要力量。为贯彻落实习近平总书记对技能人才工作的重要指示精神,在"十四五"期间,人力资源社会保障部将组织实施"技能中国行动",特制定本实施方案。

一、指导思想

以习近平新时代中国特色社会主义思想为指导,全面贯彻党的十九大和十九届二中、三中、四中、五中全会精神,认真落实习近平总书记对技能人才工作的重要指示精神,坚持党管人才、服务发展、改革创新、需求导向原则,健全技能人才培养、使用、评价、激励制度,着力强基础、优结构、扩规模、提质量、建机制、增活力,打造技能省市,为大力实施人才强国和创新驱动发展战略,建设制造强国、质量强国、技能中国,全面建设社会主义现代化国家,实现中华民族伟大复兴的中国梦,提供坚实的技能人才保障。

二、目标任务

"十四五"时期,大力实施"技能中国行动",以培养高技能人才、能工巧匠、大国工匠为先导,带动技能人才队伍梯次发展,形成一支规模宏大、结构合理、技能精湛、素质优良,基本满足我国经济社会高质量发展需要的技能人才队伍。"十四五"期间,新增技能人才4000万人以上,技能人才占就业人员比例达到30%,东部省份高技能人才占技能人才比例达到35%,中西部省份高技能人才占技能人才比例在现有基础上提高2-3个百分点。

三、基本原则

(一)坚持党管人才。加强党对技能人才工作的领导,强化行业企业主体作用,吸引社会力量积极参与,构建在党委政府领导下,行业企业、院校、社会力量共同参与的技能人才工作新格局。

(二)坚持服务发展。立足新发展阶段,贯彻新发展理念,紧贴发展需求,以推进技能人才供给侧结构性改革为主线,改进和完善培养模式,加快培养知识型、技能型、创新型劳动者大军。

(三)坚持改革创新。发挥市场在人力资源配置中的决定性作用,聚焦制约技能人才工作的短板弱项,完善政策措施体系,加大体制机制改革创新力度,从根本上推动技能人才队伍高质量发展。

(四)坚持需求导向。瞄准缓解结构性就业矛盾,以提升全民技能、构建技能社会为引领,突出需求导向目标,培养更多高素质劳动者,围绕急需紧缺领域培养更多技能人才和大国工匠。

四、主要任务

(一)健全完善"技能中国"政策制度体系

1.健全技能人才发展政策体系。加强技能人才统计分析,全面系统谋划技能人才发展目标、工作任务、政策制度、保障措施，研究制定进一步加强新时代高技能人才队伍建设的指导意见，完善相关配套政策措施，形成更加完备的技能人才工作政策制度体系。鼓励各地结合实际，创新实践，抓好各项政策措施落实落地。

2. 健全终身职业技能培训制度。建立健全覆盖城乡全体劳动者、贯穿劳动者学习工作终身、适应就业创业和人才成长需要以及高质量发展需求的终身职业技能培训制度。构建以政府补贴培训、企业自主培训、市场化培训为主要供给，以高技能人才公共实训基地、技工院校、职业院校、职业培训机构和行业企业为主要载体，以就业技能培训、岗位技能提升培训和创业创新培训为主要形式的组织实施体系。加强数字技能培训，普及提升全民数字素养。完善国家基本职业培训包制度，加强职业培训规范化、科学化管理。持续实施国家级高技能人才培训基地、技能大师工作室建设项目。推动各地建设职业覆盖面广、地域特色鲜明的高技能人才培训基地、公共实训基地、技能大师工作室。

3. 完善技能人才评价体系。深化职业资格制度改革，完善职业技能等级制度，健全以职业资格评价、职业技能等级认定和专项职业能力考核等为主要内容的技能人才评价制度。健全完善科学化、社会化、多元化的技能人才评价体系。完善新职业信息发布制度，健全职业分类动态调整机制。完善职业标准开发机制，建立健全由国家职业技能标准、行业企业评价规范、专项职业能力考核规范等构成的多层次、相互衔接的职业标准体系。加强技能人才评价监督管理，营造公开、公平、公正的技能人才评价环境。

4. 构建职业技能竞赛体系。完善以世界技能大赛为引领、中华人民共和国职业技能大赛为龙头、全国行业职业技能竞赛和地方各级职业技能竞赛以及专项赛为主体、企业和院校职业技能比赛为基础的具有中国特色的职业技能竞赛体系，不断提高职业技能竞赛的科学化、规范化、专业化水平。围绕重大战略、重大工程、重大项目、重点产业，统筹管理、定期举办各级各类职业技能竞赛活动。推广集中开放、赛展结合的职业技能竞赛模式，鼓励和引导社会力量支持、参与办赛。推动省市县普遍举办综合性职业技能竞赛，加快培养专业化人才队伍，加强职业技能竞赛工作信息化建设。建设1个世界技能大赛综合训练中心、3个世界技能大赛中国研究中心、1个世界技能大赛中国研修中心和400个左右世界技能大赛中国集训基地，支持建设世界技能博物馆、世界技能能力建设中心、世界技能资源中心，加强世界技能大赛理论研究、工作研修和成果转化。

（二）实施"技能提升"行动

5. 持续实施职业技能提升行动。大规模开展高质量职业技能培训，创新培训方式，丰富培训内容，提升劳动者就业创业能力和水平。紧贴经济社会发展，编制发布技能人才需求指引，对接技能密集型产业，实施重点群体专项培训计划，大力推行"互联网+职业技能培训"，广泛开展新职业新业态新模式从业人员技能培训。健全以技能需求和技能评价结果为导向的培训补贴政策。全面推广职业培训券，建立实名制培训信息管理系统和劳动者职业培训电子档案，实现培训信息与就业、社会保障信息联通共享。

6. 大力发展技工教育。支持技工院校建设成为集技工教育、公共实训、技师研修、竞赛集训、技能评价、就业指导等功能一体的技能人才培养综合基地。遴选建设300所左右优质技工院校和500个左右优质专业，开展100个左右技工教育（联盟）集团建设试点工作。稳定和扩大技工院校招生规模，推动将技工院校纳入统一招生平台。建设全国技工院校招生宣传平台。

7. 支持技能人才创业创新。开展技能人才创业创新培训，对符合条件的高技能人才，按规定落实创业担保贷款及贴息政策，支持技能人才入驻创业孵化基地创办企业。支持各地建立创新型高技能人才信息库，支持高技能人才参与国家基础研究、重点科研、企业工艺改造、产品研发中心等项目。鼓励技能人才专利创新。定期举办全国技工院校学生创业创新大赛，培育技工院校学生创业创新能力。

8. 推动国家乡村振兴重点帮扶地区技工教育和职业培训均衡发展。实施国家乡村振兴重点帮扶地区职业技能提升工程，促进区域协调发展。支持建设（新建、改扩建）100所左右技工院校和职业培训机构、100个左右高技能人才培训基地和100个左右技能大师工作室，开发100个左右专项职业能力考核规范，培育100个左右劳务品牌，培养一批高技能人才和乡村工匠。定期举办全国乡村振兴职业技能大赛，引导支持重点帮扶地区举办具有地方特色的职业技能竞赛。加大东西部职业技能开发对口协作力度，确保有提升技能意愿的劳动力都有机会参加职业学校教育和技能培训。支持重点帮扶地区开展优秀技能人才评选表彰。

（三）实施"技能强企"行动

9. 推行中国特色企业新型学徒制。全面推行"招工即招生、入企即入校、企校双师联合培养"为主要内容的中国特色企业新型学徒制。发挥企业主体作用，推行培养和评价"双结合"、企业实训基地和院校培训基地"双基地"、企业导师和院校导师"双导师"的联合培养模式。通过校企合作、工学交替等方式，组织企业技能岗位新招用和转岗人员参加学徒制培训，助推企业技能人才培养，发展壮大产业工人队伍。

10. 建立健全产教融合、校企合作机制。推动企校在产业链、创新链、人才链上深度融合，共同推动区域经济社会高质量发展。契合企校需求，整合企校资源，建立企校资源集群，构建企校发展联通、需求互通、资源融通的双赢合作格局。支持企校开展数字技能、绿色技能等领域技能人才联合培养。

11. 开展大规模岗位练兵技能比武活动。支持行业企业将技能人才队伍建设上升为企业发展战略。引导行业企业立足生产、经营、管理实际，以增强核心竞争力为导向，采取以工代训、技能竞赛等形式，大力开展岗位练兵技术比武活动，提升职工技能水平，发现优秀技能人才，传播优秀企业文化。

12. 支持企业自主开展技能等级认定。发挥职业技能等级认定在促进技能人才成长中的积极作用，推动企业自主开展职业技能等级认定。支持企业结合生产经营特点和实际需要，自主确定评价职业（工种）范围，自主设置职业技能岗位等级，自主开发制定评价标准规范，自主运用评价方法，自主开展技能人才评价。鼓励企业在职业技能等级认定工作初期，广泛开展定级评价。可根据岗位条件、职工日常表现、工作业绩等，参照有关规定直接认定职工职业技能等级。支持企业将职业技能等级认定与企业岗位练兵、技术比武、新型学徒制、职工技能培训等各类活动相结合，建立与薪酬、岗位晋升相互衔接的职业技能等级制度。打破学历、资历、年龄、身份、比例等限制，对掌握高超技能、业绩突出的企业一线职工，可按规定直接认定为高级工、技师、高级技师。

（四）实施"技能激励"行动

13. 加大高技能人才表彰奖励。建立健全以国家奖励为导向、用人单位奖励为主体、社会奖励为补充的技能人才奖励体系。定期开展中华技能大奖、全国技术能手评选表彰，选拔优秀高技能人才享受政府特殊津贴。提高高技能人才在各级各类表彰和荣誉评选中的名额分配比例，提高表彰奖励标准，拓宽表彰奖励覆盖面。广泛开展高技能领军人才技能研修交流、休疗养和节日慰问活动。

14. 提升技能人才待遇水平。落实《技能人才薪酬分配指引》，引导企业建立健全体现技能价值激励导向的薪酬分配制度。指导企业对技能人才建立岗位价值、能力素质、业绩贡献的岗位绩效工资制，合理评价技能要素贡献。同时，鼓励企业对技能人才特别是高技能领军人才实行年薪制、协议薪酬、专项特殊奖励，按规定探索实行股权激励、项目分红或岗位分红等中长期激励方式，并结合技能人才劳动特点，统筹设置技能津贴、师带徒津贴等专项津贴，更好体现技能价值激励导向。畅通为高技能人才建立企业年金的机制，提高技能人才薪酬福利水平。进一步提高失业保险参保职工技能提升补贴政策受益率。

15. 落实技能人才社会地位。探索推动面向技术工人、技工院校学生招录（招聘）事业单位工作人员，拓宽技能人才职业发展空间。技工院校高级工、预备技师（技师）班毕业生在应征入伍、就业、确定工资起点标准、参加机关事业单位招聘、职称评审、职级晋升等方面，分别按照大学专科、本科学历毕业生享受同等待遇。推动将高技能人才纳入城市直接落户范围，其配偶、子女按有关规定享受公共就业、教育、住房等保障服务。

16. 健全技能人才职业发展贯通机制。拓展技能人才职业技能等级设置，支持和引导企业增加职业技能等级层次，探索设立首席技师、特级技师等岗位职务。建立技能人才与管理人才、专业技术人才职业转换通道。建立职业资格、职业技能等级与专业技术职务比照认定制度，加强高技能人才与专业技术人才职业发展贯通。各类用人单位对在聘的高级工以上高技能人才在学习进修、岗位聘任、职务职级晋升、评优评奖、科研项目申报等方面，按相应层级专业技术人员享受同等待遇。

17. 弘扬劳模精神、劳动精神、工匠精神。创新方式方法，结合世界技能大赛、国内职业技能竞赛、高技能人才评选表彰、世界青年技能日等重大赛事、重大活动和重要节点,采取群众喜闻乐见的形式,广泛深入开展技能中国行、"迎世赛,点亮技能之光"、中华绝技等宣传活动,讲好技能成才、技能报国故事,传播技能文化,大力弘扬劳模精神、劳动精神、工匠精神。各地可利用技工院校、职业院校、博物馆、文化宫、青少年宫等教育和培训场所,推动设立技能角、技能园地等技能展示、技能互动、职业体验区域,引导广大劳动者特别是青年一代关注技能、学习技能、投身技能。技工院校、职业院校要大力开展技能教育,在劳动教育和劳动实践活动中宣传劳模精神、劳动精神、工匠精神。

(五)实施"技能合作"行动

18. 做好世界技能大赛参赛和办赛工作。精心组织上海第46届世界技能大赛,充分展示中国技能发展成就,努力办成一届"富有新意、影响广泛"的世界技能大赛。积极做好世界技能大赛备赛参赛工作,规范遴选世界技能大赛中国集训基地和技术指导专家团队,科学组织集训备赛和参赛工作。举办"一带一路"国际技能大赛等。

19. 加强技能领域国际交流合作。统筹利用亚洲合作资金和"一带一路"合作项目资源,开展多边、双边技能合作和对外援助,带动"一带一路"沿线国家完善职业技能培训体系。推进与发达国家在职业技能开发领域的交流互鉴,继续选派青年赴法国、德国等国家开展实习交流,组织职业能力建设管理人员出国交流。支持技工院校与发达国家和"一带一路"沿线国家职业院校合作办学,选派优秀学生出国交换学习。

20. 加强职业资格证书国际互认。研究制定境外职业资格境内活动管理暂行办法,规范在我国境内开展的境外各类职业资格相关活动。根据技能人才队伍建设需要,结合实际制定职业资格证书国际互认管理办法。支持持境外职业资格证书人员按规定参加职业资格评价或职业技能等级认定，促进技能人才流动。

五、实施保障

（一）加强组织领导。各地要深入学习贯彻落实习近平总书记对技能人才工作重要指示精神，充分认识进一步加强技能人才工作的重大意义，将技能人才纳入本地人才队伍建设重要工作内容和"十四五"规划，建立党委（党组）统一领导、有关部门各司其职、行业企业为主体、社会力量广泛参与的工作机制，形成推动工作合力。我部根据各地实际，通过与省级人民政府签署部省（区、市）共建协议等方式，推动各地打造技能省市。

（二）加大经费支持。各地要加大技能人才工作投入力度，按政策统筹使用职业技能提升行动专账资金、就业补助资金、失业保险基金、教育经费、人才专项资金等各类资金，发挥好政府资金的撬动作用，推动建立政府、企业、社会多元化投入机制。

（三）加大宣传引导。各地要加大"技能中国行动"宣传力度，围绕五大行动计划精心策划宣传活动，广泛解读宣传技能人才政策，及时发布工作进展和成果成效。要大力宣传行动中涌现的先进典型和先进事迹，引导社会各界关注技能人才，支持技能人才工作，营造技能人才发展的良好社会氛围。

后 记

本书的撰写历时近八个月，撰写过程中，作者细致地阅读了《陶行知全集》《陶行知大传》等著作，参观了南京行知园和南京晓庄学院校史馆，再次体悟陶行知思想，也深刻地被陶行知先生的大爱精神感动。"五四运动"后，国内民族危机日益深重，在救亡图存的现实压力之下，中国思想界"教育救国""科学救国"的呼声日益高涨，但此时的中国教育学人对于西方的文化资源已不再盲目接受、照搬照抄，而是基于本土建构的价值取向重新审视中国自身的教育问题，并在融会中西文化的基础上对外来的现代教育资源进行本土化和民族化的探索。陶行知便是其中的一位。

陶行知思想博大精深，在今天依然熠熠发光。本书通过文献分析和比较研究等方法的运用，探寻陶行知教育思想在技能中国背景下，对技能人才培养、技能教育、课程建设、终身职业技能培训、技能人才评价、乡村劳动技能提升及中国式教师教育现代化等方面的启示，期望拓展读者对陶行知教育思想的认识。

衷心感谢东南大学出版社给予出版的机会，感谢南京晓庄学院教师教育学院的支持，感谢各位读者！限于作者水平，书中难免存在遗漏和不妥之处，恳请广大读者、专家批评指正！